TRAITÉ
D'ANALYSE

GRAMMATICALE ET LOGIQUE

Ramené aux principes les plus simples

CONTENANT

DE NOMBREUX EXERCICES ET UNE LISTE DES PRINCIPAUX
GALLICISMES

PAR M. LUCIEN LECLAIR

PROFESSEUR AGRÉGÉ DE L'UNIVERSITÉ, AUTEUR DE LA MÉTHODE D'ENSEIGNEMENT
UNIFORME DES LANGUES ANCIENNES ET MODERNES.

QUATRIÈME ÉDITION

La Grammaire française de M. Leclair est approuvée par le Conseil
supérieur de perfectionnement de l'enseignement secondaire
spécial et adoptée pour les Écoles de la Ville de Paris.

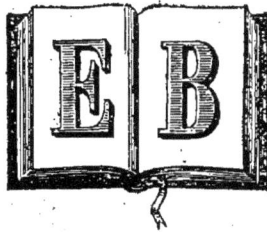

PARIS

LIBRAIRIE CLASSIQUE D'EUGÈNE BELIN

RUE DE VAUGIRARD, N° 52.

1874

X

Tout exemplaire de cet ouvrage non revêtu de ma griffe sera réputé contrefait.

Eug. Belin

SAINT-CLOUD. — IMPRIMERIE DE Mme Ve EUG. BELIN.

PRÉFACE

—

Si l'on examine la plupart des traités d'analyse composés en vue de telle ou telle grammaire, on est frappé d'une chose, c'est que ces traités forment en quelque sorte un livre à part, tant les divisions, les principes, les dispositions diffèrent de celles de la grammaire à laquelle ils se rattachent; et les enfants sont si pénétrés de cette différence, que pour eux l'analyse est une étude nouvelle, bien distincte de celle de la grammaire. Cette fâcheuse erreur tient à ce que ces grammairiens, méconnaissant la marche logique des faits grammaticaux, présentent la syntaxe dans un ordre en apparence plus simple, mais tel cependant que l'élève ne saisit nullement la fonction des mots dans la proposition, et le rôle des propositions entre elles. Aussi, quand ils traitent de l'analyse, sont-ils forcés de revenir à cet ordre naturel, sans lequel on ne peut rendre compte des formes constitutives du langage.

Pour nous, la tâche a été plus facile. La méthode que nous avons adoptée, en prenant pour point de départ la proposition, a singulièrement simplifié notre Traité d'analyse.

Ainsi, dans l'*Analyse grammaticale*, la partie qui offre à l'enfant le plus de difficultés est celle qui consiste à déterminer les différents rôles que les mots jouent dans la proposition; mais si dans la grammaire l'élève a appris et connaît à fond la nature et les fonctions du sujet et de l'attribut, des compléments du nom, de l'adjectif et du verbe, il n'a plus, en abordant l'analyse, qu'à mettre en pratique et appliquer ce qu'il sait déjà : ce n'est plus un nouveau livre à étudier : l'analyse, comme l'orthographe, n'est plus qu'un exercice, et toutes deux servent à rendre la règle plus palpable et plus frappante.

De même, dans notre plan, *l'analyse logique* a été débarrassée des entraves qui en font le plus souvent une étude aride et rebutante. Renonçant à donner un nom à toutes les nuances qui distinguent les différentes sortes de propositions, nous n'avons pas voulu nous jeter dans des classifications infinies qui n'apprennent rien à l'élève, et ne font qu'embrouiller ses idées. Nous avons ramené toutes les propositions aux deux grandes divisions exposées dans notre Grammaire, les *coordonnées*, et les *subordonnées complétives* ou *circonstancielles*. Les propositions *relatives*, qui sont toujours coordonnées ou subordonnées, rentrent dans le même cadre.

Les exercices d'analyse sont extraits de nos bons auteurs ; nous nous sommes efforcé d'en faire un choix varié, qui, embrassant toutes les difficultés possibles, fût aussi instructif qu'intéressant.

L. L.

ANALYSE GRAMMATICALE

L'*analyse grammaticale* est la décomposition des différentes parties du discours. L'analyse grammaticale comprend : ·

1º La classification des mots, avec l'indication du genre et du nombre pour le nom, l'adjectif et le pronom ; de la personne, du nombre, du temps et du mode pour le verbe ;

2º La désignation du rôle que les mots jouent dans la proposition, comme sujets, attributs ou compléments. .

De là deux parties distinctes dans l'analyse grammaticale :

Classification des mots ;

Fonction des mots dans le discours.

PREMIÈRE PARTIE.

CLASSIFICATION DES MOTS.

DU NOM.

Le *nom* ou *substantif* est un mot qui sert à nommer, à désigner une personne ou une chose.

Ex. : *Pierre, Paul, habit, chapeau.*

Il y a deux sortes de noms : le nom *commun* et le nom *propre.*

Le nom *commun* est celui qui convient à toutes les personnes et à toutes les choses de la même espèce.

Ex. : *Homme, cheval, maison.*

Le nom *propre* est celui qui s'applique à des personnes ou à des choses seules de leur espèce.

Ex. : *Adam, Eve, Paris, la Seine, les Romains, les Alpes.*

Quand un nom commun, tout en étant au singulier, exprime un assemblage, une *collection* de plusieurs personnes ou de plusieurs choses, on l'appelle *collectif.*

Ex. : *Armée, peuple, flotte.*

Si le nom commun ou propre est formé de plusieurs mots équivalant à un seul, on l'appelle nom *composé.*

Ex. : *Arc-en-ciel, Hôtel-Dieu, basse-cour, abat-jour, passe-partout.*

Il y a deux choses à considérer dans les noms, le *genre* et le *nombre.*

Il y a en français deux genres, le *masculin* et le *féminin.*

Les noms d'hommes ou d'animaux mâles sont du genre masculin : un *père*, un *lion.*

Les noms de femmes ou de femelles sont du genre féminin : une *mère*, une *lionne.*

L'usage a ensuite assigné aux choses le genre masculin ou le genre féminin : un *livre*, une *table*, le *soleil*, la *lune.*

Premier exercice sur le nom.

L'OISEAU-MOUCHE.

(L'élève indiquera si le nom est commun, propre, collectif ou composé; s'il est du masculin ou du féminin, du singulier ou du pluriel.)

C'est dans les *contrées* les plus chaudes de l'*Amérique* que se trouvent toutes les *espèces* d'*oiseau-mouche*. De tous les *êtres* créés par *Dieu*, c'est le plus élégant pour la *forme* et le plus brillant pour les *couleurs; les pierres* et les *métaux* polis par notre *art* ne sont pas comparables à ce *bijou* de la *nature;* elle l'a placé dans l'*ordre* des *oiseaux*, au dernier *degré* de l'*échelle* de *grandeur*. Son *chef-d'œuvre* est le petit *oiseau-mouche;* elle l'a comblé d'une *foule* de *dons* qu'elle n'a fait que partager à la *multitude* des autres *oiseaux*. L'*émeraude*, le *rubis*, la *topaze* brillent sur ses *habits;* il ne les souille jamais de la *poussière* de la *terre.*

Modèle d'analyse sur le nom.

contrées	Nom com. fém. plur.
Amérique	Nom propre fém. sing.
espèces	Nom com. fém. plur.
oiseau-mouche	Nom composé masc. sing.
êtres	Nom com. masc. plur.
Dieu	Nom propre masc. sing.
forme	Nom com. masc. sing.
couleurs	Nom com. fém. plur.
pierres	Nom com. fém. plur.
métaux	Nom com. masc. plur.
art	Nom com. masc. sing.
bijou	Nom com. masc. sing.
nature	Nom com. fém. sing.
ordre	Nom com. masc. sing.
oiseaux	Nom com. masc. plur.
degré	Nom com. masc. sing.
échelle	Nom com. fém. sing.
grandeur	Nom com. fém. sing.
chef-d'œuvre	Nom composé masc. sing.
oiseau-mouche	Nom composé masc. sing.
foule	Nom collectif fém. sing.
dons	Nom com. masc. plur.
multitude	Nom collectif fém. sing.
oiseaux	Nom com. masc. plur.
émeraude	Nom com. fém. sing.
rubis	Nom com. masc. sing.
topaze	Nom com. fém. sing.
habits	Nom com. masc. plur.
poussière	Nom com. fém. sing.
terre	Nom com. fém. sing.

Deuxième exercice sur le nom.

LA VIOLÈTTE.

Un jeune *enfant* croyait qu'il n'y avait que des *violettes* bleues. Un *jour*, il en trouva dans le *jardin* quelques-unes qui étaient blanches comme la *neige*, et d'autres qui, brillant aux *rayons* du soleil du *matin*, étaient rouges comme du *feu*. Il en cueillit une bleue, une blanche et une rouge, et les porta plein de *joie* à sa *maman*.

Celle-ci lui dit : « Ces trois *sortes* de *violettes* ne sont pas si rares que tu le penses ; cependant, c'est toujours une heureuse *découverte*, si tu n'oublies pas de quoi elles sont les *emblèmes*. La *violette* dont la *couleur* est d'un bleu tout simple, est, comme tu le sais, une *image* de la *modestie* et de l'*humilité* ; quant à la *violette* blanche, qu'elle soit pour toi le *symbole* de l'*innocence* et de la *douceur ;* enfin, la rouge te dit : Aie toujours dans le *cœur* un ardent *amour* pour tout ce qui est bien, juste et bon. »

Troisième exercice sur le nom.

LE GRAIN DE BLÉ.

Dans l'*entre-pont* d'un *navire* récemment arrivé d'*Europe*, deux jeunes *habitants* des *îles* de la *mer* Pacifique trouvèrent un *grain* de *blé* : « Le *blé*, sans aucun *doute*, est une *plante* très-utile, dit le plus âgé, mais que faire d'un seul *grain* ? » Et il le rejeta d'un *air* dédaigneux. Son *camarade*, plus avisé, se hâta de le ramasser. Le *soir* même il le planta et lui consacra ses *soins* les plus assidus.

La première *récolte* aurait tenu dans un *dé* ; à la seconde, il avait pu remplir une *coupe* ; et, dès la troisième, il put distribuer quelques *grains* à ses *amis*. Par la *suite*, il recueillit non-seulement d'abondantes *moissons*, mais il eut encore la *gloire* d'avoir introduit dans son *pays* une *culture* qui fit sa *fortune* et celle de ses *compatriotes*. — C'est ainsi que parvient à d'immenses *résultats* celui qui ne se laisse rebuter ni par l'*aridité* du *travail*, ni par la longue *attente* de ses *produits*.

Quatrième exercice sur le nom.

LES MONTAGNES DE LA SUISSE.

Tantôt d'immenses *roches* pendaient en *ruines* au-dessus de ma *tête* ; tantôt de hautes *cascades* m'inondaient de leurs *brouillards;* tantôt un *torrent* ouvrait à mes *côtés* un *abîme* dont les *yeux* n'osaient sonder la *profondeur*. Quelquefois je me perdais dans *l'obscurité* d'un *bois* touffu ; quelquefois en sortant d'un *gouffre*, une agréable *prairie* réjouissait tout à coup mes *regards*.

La *nature* semble avoir pris *plaisir* à s'y mettre en *opposition* avec elle-même : au *levant*, les *fleurs* du *printemps ;* au *midi*, les *fruits* de *l'automne ;* au *nord*, les *glaces* de *l'hiver ;* elle réunit toutes les *saisons* dans le même *instant*, tous les *climats* dans le même *lieu*, des *terrains* contraires sur le même *sol*, les *productions* des *plaines* et celles des *Alpes*.

Cinquième exercice sur le nom.

LA POLITESSE DE FRÉDÉRIC LE GRAND.

(L'élève cherchera les noms que contient l'exercice suivant et les analysera.)

Frédéric prenait beaucoup de tabac ; pour s'épargner la peine de fouiller dans sa poche, il avait fait placer sur chaque cheminée de son appartement une tabatière où il puisait au besoin. Un jour il aperçoit, de son cabinet, un de ses pages qui, ne se croyant pas vu, et curieux de goûter du tabac royal, mettait sans façon les doigts dans la boîte ouverte sur la cheminée de la pièce voisine.

Le roi ne dit rien d'abord ; mais au bout d'une heure, il appelle le page, se fait apporter la tabatière, et, après avoir invité l'indiscret à y prendre une prise : « Comment trouvez-vous ce tabac ? — Excellent, Sire. — Et cette tabatière ? — Superbe, Sire. — Hé bien ! Monsieur, prenez-la, car je la crois trop petite pour nous deux. »

1.

DE L'ADJECTIF.

L'*adjectif* est un mot qui sert à *qualifier* ou à *déterminer* les personnes et les choses.

De là deux classes d'adjectifs : les adjectifs *qualificatifs* et les adjectifs *déterminatifs*.

ADJECTIFS QUALIFICATIFS.

Les adjectifs *qualificatifs* sont ceux qui servent à exprimer les qualités des personnes et des choses.

Ainsi quand je dis mur *blanc*, cheval *noir*, je veux exprimer que la qualité de *blanc* convient au mur, que la qualité de *noir* convient au cheval.

On dit des adjectifs qualificatifs qu'ils *qualifient* les noms auxquels ils se rapportent ; ainsi *blanc* qualifie *mur*, *noir* qualifie *cheval*.

Les adjectifs prennent le genre et le nombre du nom auquel ils se rapportent.

Ainsi l'on dira *bon* père, *bonne mère, bons* frères, *bonnes* sœurs.

Bon est au masculin et au singulier, parce que *père* est du masculin et du singulier ; *bonne* est au féminin et au singulier, parce que *mère* est du féminin et du singulier ; *bons* est au masculin et au pluriel, parce que *frères* est du masculin et du pluriel ; *bonnes* est au féminin et au pluriel, parce que *sœurs* est du féminin et du pluriel.

Quand un adjectif qualifie plusieurs noms du singulier, il se met au pluriel : le père et le fils sont *bons ;* la mère et la fille sont *bonnes.*

Si les noms sont de différents genres, l'adjectif se met au pluriel masculin : le frère et la sœur sont *heureux ;* le tigre et la panthère sont *cruels.*

Souvent l'adjectif joue le rôle du nom ; le véritable nom est alors sous-entendu : *le sage* vit content de peu (c'est-à-dire *l'homme sage*); on dit alors que *sage* est un adjectif *pris sub-stantivement.*

On distingue dans les adjectifs qualificatifs trois degrés de signification : le *positif*, le *comparatif*, le *superlatif*.

Positif. — Le *positif* n'étant autre chose que l'adjectif même, ne doit pas être indiqué dans l'analyse.

Comparatif. — Le *comparatif* exprime que telle qualité est *supérieure, inférieure* ou *égale* à une autre.

De là trois sortes de comparatif : le comparatif de *supériorité*, d'*infériorité*, d'*égalité*.

Pour marquer un comparatif de *supériorité*, on met *plus* devant l'adjectif : le soleil est *plus brillant* que la lune.

Pour marquer un comparatif d'*infériorité*, on met *moins* devant l'adjectif : la lune est *moins brillante* que le soleil.

Pour marquer un comparatif d'*égalité*, on met *aussi* devant l'adjectif : la rose est *aussi charmante* que la tulipe.

Remarque. — Les trois adjectifs *bon, mauvais, petit*, font au comparatif *meilleur, pire, moindre ;* on dit aussi *plus mauvais, plus petit*, mais on ne dit jamais *plus bon.*

Superlatif. — Le *superlatif* exprime la qualité dans un *très-haut* degré ou dans *le plus haut* degré.

De là deux sortes de superlatif : le superlatif *absolu* et le superlatif *relatif.*

Le superlatif *absolu* marque une qualité portée à un très-haut degré, sans comparaison avec d'autres objets : Paris est une *très-grande* ville, *bien bâtie, fort peuplée, extrêmement curieuse.*

Le superlatif *relatif* marque une qualité portée au plus haut degré, par comparaison avec d'autres objets : Paris est *la plus belle* des villes.

Premier exercice sur l'adjectif.

LE NUAGE ET LA FLEUR.

(L'élève analysera les adjectifs qualificatifs en indiquant le nom que les adjectifs qualifient; de plus, si l'adjectif est au comparatif ou au superlatif.)

La plaine est *aride*, le ciel *brûlant* et *calme;* un *seul* nuage, *fier* de ses *légers* flocons d'argent et d'or, vogue

nonchalamment dans les airs , comme une *grande* voile
égarée sur l'azur de l'océan. *Pâle* et fanée, se mourant
de soif, une fleur, dressant au ciel avec effort sa tête *suppliante*, semble adresser au nuage ces paroles :

« *Grand* nuage, laisse tomber un peu d'eau dans mon
calice. De cette pluie dont tes flancs sont chargés , Dieu
m'a réservé quelques gouttes ; répands-les sur moi. *Grand*
nuage, un peu d'eau ! je me meurs, et ma famille aussi. »
Mais le nuage, rendu plus *orgueilleux*, méprisant l'*humble* fleur et ses trésors , s'éloigne et s'empresse de passer
outre avec *la plus grande* rapidité, lui refusant jusqu'à
son ombre. De longtemps il ne vint pas d'autre nuage, et
la fleur mourut de sécheresse.

Modèle d'analyse.

aride	Adj. qual. fém. sing. qualifie *plaine.*
brûlant	Adj. qual. masc. sing. qualifie *ciel.*
calme	Adj. qual. masc. sing. qualifie *ciel.*
seul	Adj. qual. masc. sing. qualifie *nuage.*
fier	Adj. qual. masc. sing. qualifie *nuage.*
légers	Adj. qual. masc. plur. qualifie *flocons.*
grande	Adj. qual. fém. sing. qualifie *voile.*
pâle	Adj. qual. fém. sing. qualifie *fleur.*
suppliante	Adj. qual. fém. sing. qualifie *tête.*
grand	Adj. qual. masc. sing. qualifie *nuage.*
plus orgueilleux	Adj. qual. masc. sing. au comparatif, qualifie *nuage.*
humble	Adj. qual. masc. sing. qualifie *fleur.*
la plus grande	Adj. qual. fém. sing. au superlatif, qualifie *rapidité.*

Deuxième exercice sur l'adjectif.

JÉRUSALEM.

Au centre d'une chaîne de montagnes se trouve un
bassin *aride*, fermé de toutes parts de sommets *jaunes* et
rocailleux ; ces sommets ne s'entr'ouvrent qu'au levant,
pour laisser voir le gouffre de la mer Morte et les montagnes *lointaines* de l'Arabie. Au milieu de ce paysage de
pierres, sur un terrain *inégal* et *penchant*, dans l'enceinte

d'un mur jadis ébranlé par les coups de bélier, et fortifié par des tours qui tombent, on aperçoit de *vastes* débris ; des cyprès *épars*, des buissons d'aloès et de nopals, quelques masures *arabes*, *pareilles* à des sépulcres blanchis, recouvrent cet amas de ruines : c'est la *triste* Jérusalem.

Troisième exercice sur l'adjectif.

LE MATIN.

L'ombre commence à replier ses voiles,
    L'air est *frais* et le ciel est *pur* ;
On voit encore briller quelques étoiles
    Qui vont s'effacer dans l'azur.

Tandis que par degrés l'orient se colore,
    Tout se réveille sous les cieux ;
Et les *petits* oiseaux ont, par leurs chants *joyeux*,
    Salué la *nouvelle* aurore.

    Que j'aime sa *douce* clarté !
    Que j'aime à voir le jour renaître ;
Et le soleil se lever et paraître
    Dans sa gloire et sa majesté !

    Salut, ô *féconde* lumière,
    Astre *éclatant*, *noble* flambeau !
Combien le Dieu qui traça ta carrière
Doit être *grand*, *majestueux* et *beau* !

    Car tu n'es que sa créature ;
Tu sembles, ô soleil, te promener en roi,
    Et commander à la nature ;
Mais celui qui t'a fait est plus *brillant* que toi.

    Gloire, amour et reconnaissance
A ce Dieu de bonté qui, dans les cœurs *pieux*,
Mit un flambeau *divin* pour éclairer l'enfance,
Comme il fit un soleil pour éclairer les cieux !

Quatrième exercice sur l'adjectif.

LES DÉSERTS DE L'ARABIE PÉTRÉE.

(L'élève cherchera les adjectifs que contient l'exercice suivant et en fera l'analyse.)

Qu'on se figure un pays sans verdure et sans eau, un soleil brûlant, un ciel toujours sec, des plaines sablonneuses, des montagnes encore plus arides, sur lesquelles l'œil s'étend et le regard se perd sans pouvoir s'arrêter sur aucun objet vivant; une terre morte et, pour ainsi dire, écorchée par les vents, laquelle ne présente que des ossements, des cailloux jonchés, des rochers debout ou renversés, un désert entièrement découvert, où le voyageur n'a jamais respiré sous l'ombrage, où rien ne l'accompagne, rien ne lui rappelle la nature vivante : solitude absolue mille fois plus affreuse que celle des forêts ; car les arbres sont encore des êtres pour l'homme, qui se voit seul, plus isolé, plus dénué, plus perdu, dans ces lieux vides et sans bornes.

Il voit partout l'espace comme un tombeau ; la lumière du jour, plus triste que l'ombre de la nuit, ne renaît que pour éclairer sa nudité, son impuissance, et pour lui présenter l'horreur de sa situation, en reculant à ses yeux les barrières du vide, en étendant autour de lui l'abîme de l'immensité qui le sépare de la terre habitée; immensité qu'il tenterait en vain de parcourir : car la faim, la soif et la chaleur brûlante pressent tous les instants qui lui restent entre le désespoir et la mort.

Cinquième exercice sur l'adjectif.

UNE NUIT A LA BELLE ÉTOILE.

(L'élève cherchera les noms et les adjectifs contenus dans l'exercice suivant, et en fera l'analyse.)

Je me souviens d'avoir passé une nuit des plus délicieuses hors de la ville, dans un chemin qui côtoyait le Rhône ou la Saône, car je ne me rappelle pas lequel des deux. Des jardins élevés en terrasse bordaient le chemin du côté opposé. Il avait fait très-chaud ce jour-là, la soirée était fort belle, la rosée humectait l'herbe flétrie ; point de vent, une nuit tranquille ; l'air était frais sans être froid ; le soleil, après son coucher, avait laissé dans le ciel des vapeurs rouges dont la réflexion rendait l'eau couleur de rose ; les arbres des terrasses étaient chargés de rossignols qui se répondaient l'un à l'autre.

Absorbé par la plus douce rêverie, je prolongeai ma promenade fort avant dans la nuit sans m'apercevoir que j'étais las ; la fatigue était le moindre de mes soucis. Je me couchai sur la tablette d'une espèce de niche ; le ciel de mon lit était formé par les têtes des arbres les plus élevés ; un rossignol faisait entendre au-dessus de moi les accents les plus mélodieux ; je m'endormis à ce chant si suave et si enchanteur.

ADJECTIFS DÉTERMINATIFS.

Il y a six sortes d'adjectifs déterminatifs : l'*article*, les adjectifs *numéraux, démonstratifs, possessifs, conjonctifs, indéfinis.*

On dit des adjectifs démonstratifs qu'ils *déterminent* le nom auquel ils se rapportent : *ce* cheval, *mon* chapeau ; *ce* détermine *cheval ; mon* détermine *chapeau.*

Article. — L'*article* se met devant les noms communs, pour marquer qu'ils sont pris dans un sens déterminé.

Il n'y a qu'un article, c'est *le*, qui fait *la* au féminin, et *les* au pluriel des deux genres.

Remarques. — Quand le mot qui suit l'article commence par une voyelle ou une *h* muette, on retranche *e* dans *le, a* dans *la,* et on les remplace par une apostrophe ; l'article s'appelle *élidé : l'*argent pour *le* argent ; *l'*histoire pour *la* histoire.

Devant un nom singulier commençant par une consonne ou une *h* aspirée, *de le, à le* sont remplacés par *du, au ;* l'article s'appelle *contracté : du* roi, pour *de le* roi, *au* héros pour *à le* héros.

De même *de les* se change en *des ; à les* en *aux : des* livres, pour *de les* livres ; *aux* maisons, pour *à les* maisons.

Premier exercice sur l'article.

Le courage et *la* force *du* cheval profitent *au* laboureur.
*L'*objet de *l'*histoire est de connaître *les* hommes.
Les pluies sont nécessaires *aux* travaux *des* champs.

Modèle d'analyse sur l'article.

Le	Art. simple masc. sing. déterm. *courage*,
la	Art. simple fém. sing. déterm. *force*.
du	Pour *de le*, art. contracté masc. sing. déterm. *cheval*.
au	Pour *à le*, art. contracté masc. sing. déterm. *laboureur*.
l'	Pour *le*, art. élidé m. sing. déterm. *objet*,
l'	Pour *la*, art. élidé fém. sing. déterm. *histoire*.
les	Art. simple fém. plur. déterm. *pluies*.
aux	Art. contracté masc. plur. déterm. *travaux*.
des	Art. contracté masc. plur. déterm. *champs*.

Adjectifs numéraux. — Les adjectifs *numéraux* sont ceux qui désignent le *nombre* ou le *rang*.

De là deux sortes d'adjectifs numéraux : les adjectifs numéraux *cardinaux*, et les adjectifs numéraux *ordinaux*.

Les adjectifs numéraux *cardinaux* expriment le *nombre*, la *quantité*, comme *un, deux, trois, dix, vingt, trente, cent, mille, million : deux* maisons, *vingt* arbres, *mille* soldats.

Les adjectifs numéraux *ordinaux* expriment l'ordre, le rang comme *premier, deuxième, troisième, dixième, quarantième, centième* : le *quatrième* chapitre du livre, la *centième* partie du jardin.

Adjectifs démonstratifs. — Les adjectifs *démonstratifs* sont ceux qui servent à montrer la personne ou la chose dont on parle ; si je dis *ce* chapeau, *cette* cravate, je montre le chapeau, la cravate dont je veux parler.

Ces adjectifs sont :

Masculin sing.	Féminin sing.	Pluriel des deux genres.
Ce, cet,	*cette,*	*ces.*

Remarque. — On met *ce* devant les noms qui commencent par une consonne ou une *h* aspirée : *ce* corbeau, *ce* hérisson ; on met *cet* devant les noms qui commencent par une voyelle ou une *h* muette : *cet* oiseau, *cet* homme.

Adjectifs possessifs. — Les adjectifs *possessifs* sont ceux qui marquent la possession de la personne ou de la chose dont on parle : *mon* père, *votre* cheval.

Ces adjectifs sont, pour le

Masculin singulier.	Féminin singulier.	Pluriel des deux genres.
mon,	*ma,*	*mes,*
ton,	*ta,*	*tes,*
son,	*sa,*	*ses*
notre,	*notre,*	*nos,*
votre,	*votre,*	*vos,*
leur.	*leur.*	*leurs.*

Remarque. — *Mon, ton, son* s'emploient au lieu de *ma, ta, sa,* lorsque le nom féminin qui suit commence par une voyelle ou par une *h* muette : *mon* âme, pour *ma* âme, *ton* humeur, pour *ta* humeur ; *ton* épée, pour *ta* épée.

Adjectifs conjonctifs. — Ces adjectifs sont :

lequel,	*duquel,*	*auquel,*
laquelle,	*de laquelle,*	*à laquelle,*
lesquels,	*desquels,*	*auxquels,*
lesquelles.	*desquelles.*	*auxquelles.*

Pour être adjectifs, ces mots doivent accompagner un nom.

Aux adjectifs conjonctifs se rattachent les adjectifs interrogatifs, *quel? quelle? quels? quelles?*

Adjectifs indéfinis. — Les adjectifs *indéfinis* sont ceux qui modifient le nom d'une manière vague et générale : *tel* homme, *chaque* pays.

Ces adjectifs sont : *chaque, plusieurs, aucun, nul, un, pas un, même, autre, tout, certain, quelque, quelconque, tel.*

Deuxième exercice sur les adjectifs déterminatifs.

LE BEAU FRUIT.

(L'élève analysera l'article, les adjectifs numéraux, démonstratifs, possessifs, conjonctifs et indéfinis.)

Un enfant examinait *au* jardin, *mille* plantes étrangères, déposées dans *des* vases élégants. Sur *un* arbuste peu élevé, il vit *un* fruit d'*une* forme oblongue, dont *les* feuilles étaient d'*un* vert foncé , et dont *la* rougeur surpassait celle de *la* pourpre et de l'écarlate. « *Quel* admirable fruit ! s'écria-t-il; que *cette* couleur est belle ! Oh ! il doit avoir *un* excellent goût. » Il regarda soigneusement autour de lui si personne ne l'observait, cueillit *le* fruit et le porta à *sa* bouche.

Mais tout à coup, il sentit comme *un* feu ardent, et rejeta bien vite *le* fruit en versant *des* larmes ; cependant, *la* vive douleur qu'il ressentait ne se calmait pas. *Sa* mère accourut à *ses* cris et lui dit : « Désobéissant que tu es, *quelle* mauvaise pensée t'a poussé à manger *ce* fruit, malgré ma défense? Tu as été puni de *ta* désobéissance ; tu es même fort heureux de ne pas avoir avalé *ce* fruit, car il aurait pu te coûter *la* vie. »

Modèle d'analyse sur les adjectifs déterminatifs.

Un	Adj. indéf. masc. sing. déterm. *enfant.*
au	Pour *à le*, art. contracté, masc. sing. déterm. *jardin.*
mille	Adj. num. card. fém. plur. déterm. *plantes.*
des	Pour *de les*, art. contracté masc. plur. déterm. *vases.*
une	Adj. indéf. fém. sing. déterm. *forme.*
les	Art. simple fém. plur. déterm. *feuilles.*
la	Art. simple fém. sing. déterm. *rougeur.*
quel	Adj. conj. masc. sing. détermine *fruit.*
cette	Adj. démonstr. fém. sing. déterm. *couleur.*
sa	Adj. poss. fém. sing. déterm. *bouche.*
ses	Adj. poss. masc. plur. détermine *cris.*
quelle	Adj. interr. fém. sing. déterm. *pensée.*
ce	Adj. démonstr. masc. sing. déterm. *fruit.*
ma	Adj. poss. fém. sing. déterm. *défense.*
ta	Adj. poss. fém. sing. déterm. *désobéissance.*
ce	Adj. démonstr. masc. sing. déterm. *fruit.*

Troisième exercice sur les adjectifs déterminatifs.

LA PATIENCE ET L'ÉDUCATION CORRIGENT BIEN DES
DÉFAUTS.

Une Ourse avait *un* petit Ours qui venait de naître. Il était horriblement laid. On ne reconnaissait en lui *aucune*

figure d'animal : c'était *une* masse informe et hideuse.
L'Ourse, *toute* honteuse d'avoir *un tel* fils, va trouver *sa*
voisine *la* Corneille, qui faisait grand bruit par *son* caquet
sous *un* arbre.

« Que ferai-je, lui dit-elle, *ma* bonne commère, de *ce*
petit monstre? j'ai envie de l'étrangler. — Gardez-vous-
en bien, dit *la* causeuse ; j'ai vu d'*autres* Ourses dans *le*
même embarras que vous. Allez : léchez doucement *votre*
fils ; il sera bientôt joli, mignon et propre à vous faire
honneur. »

La mère crut facilement ce qu'on lui disait en faveur
de *son* fils. Elle eut *la* patience de le lécher longtemps.
Enfin il commença à devenir moins difforme, et elle alla
remercier *la* Corneille en *ces* termes : « Si vous n'eussiez
modéré *mon* impatience, j'aurais cruellement déchiré
mon fils, qui fait maintenant tout *le* plaisir de *ma* vie. »

Quatrième exercice sur les adjectifs déterminatifs.

UN TRAIT DE LOUIS XII.

Il sut qu'*un* grand seigneur, peut-être *une* excellence,
De battre un laboureur avait eu *l'*insolence.
Il mande *le* coupable, et, sans rien témoigner,
Dans *son* palais *un* jour le retient à dîner.
Par *un* ordre secret, que *le* monarque explique,
On sert à *ce* seigneur *un* repas magnifique,
Tout ce que de meilleur on peut imaginer,
Hors *du* pain, que *le* roi défend de lui donner.
Il s'étonne ; il ne peut concevoir *ce* mystère ;
Le roi passe, et lui dit : « Vous a-t-on fait grand'chère ?
— On m'a bien servi, sire, *un* superbe festin ;
Mais je n'ai point dîné : pour vivre, il faut *du* pain.
— Allez, répond Louis avec *un* front sévère,
Comprenez *la* leçon que j'ai voulu vous faire ;
Et puisqu'il faut, monsieur, *du* pain pour vous nourrir,
Songez à bien traiter ceux qui le font venir ! »

Cinquième exercice sur les adjectifs déterminatifs.

LA VANITÉ SINGULIÈREMENT PLACÉE.

Un vaisseau français ayant relâché à la côte de Guinée, *quelques* hommes de *l'*équipage voulurent aller à terre acheter *quelques* moutons. On les mena *au* roi, qui rendait *la* justice à *ses* sujets, sous *un* arbre. Il était sur *son* trône, c'est-à-dire sur *un* morceau de bois, aussi fier que s'il eût été assis sur le trône *du* Grand Mogol ; il avait *trois* ou *quatre* gardes avec *des* piques de bois ; *un* parasol en forme de dais le couvrait de *l'*ardeur *du* soleil ; *tous ses* ornements et ceux de *la* reine *sa* femme consistaient en *leur* peau noire et *quelques* bagues.

Ce prince, plus vain encore que misérable, demanda à *ces* étrangers si l'on parlait beaucoup de lui en France. Il croyait que *son* nom devait être porté d'*un* pôle à *l'*autre ; et à *la* différence *du* conquérant de qui on a dit qu'il avait fait taire *toute la* terre, il croyait, lui, qu'il devait faire parler *tout* l'univers.

DU PRONOM.

Le *pronom* est un mot qui tient la place du nom.

On dit du pronom qu'il est *mis pour* un nom : *Pierre* travaille, *il* sera récompensé ; *il* est mis pour *Pierre*.

Il y a cinq sortes de pronoms : les pronoms *personnels, démonstratifs. possessifs, conjonctifs, indéfinis.*

Pronoms personnels. — 1re personne. *Je, me, moi, nous.*

2e personne. *Tu, te, toi, vous.*

3e personne. *Il, elle, lui, ils, elles, eux, le, la, les, leur, se, soi, en, y.*

Aux pronoms personnels il faut ajouter les pronoms composés : *moi-même, toi-même, lui-même, nous-mêmes, vous-mêmes,* etc.

Remarques. — I. *Le, la, les,* pronoms, accompagnent toujours un verbe : je *les* connais, je *la* vénère, je *les* estime ; *le, la, les,* article, accompagne toujours un nom : *le* livre, *la* maison, *les* fruits.

II. *Le* représente *ceci, cela, cette chose :* venez ici, je *le* veux ; c'est-à-dire je veux *cela.*

III. *En* représente *de lui, d'elle, d'eux, d'elles, de cela :* j'ai vu votre mère, j'aime à *en* parler, c'est-à-dire j'aime à parler *d'elle.* Voici des fruits, prenez-*en,* c'est-à-dire *d'eux.*

IV. *Y* représente *à lui, à elle, à eux, à elles, à cela :* c'est un fourbe, ne vous *y* fiez pas, c'est-à-dire *à lui ;* l'étude me charme, je m'*y* applique, c'est-à-dire *à elle.*

Pronoms démonstratifs. — Ces pronoms sont :
Ce, celui, celle, ceux, celles.
Celui-ci, celle-ci, ceux-ci, celles-ci.
Celui-là, celle-là, ceux-là, celles-là.
Ceci, cela.

Pronoms possessifs. — Ces pronoms sont :

SINGULIER,		PLURIEL.	
Masculin.	Féminin.	Masculin.	Féminin.
Le mien,	la mienne.	Les miens,	les miennes.
Le tien,	la tienne.	Les tiens,	les tiennes.
Le sien,	la sienne.	Les siens,	les siennes.
Le nôtre,	la nôtre.	Les nôtres,	les nôtres.
Le vôtre,	la vôtre.	Les vôtres.	les vôtres.
Le leur.	la leur.	Les leurs.	les leurs.

Remarque. — Les pronoms possessifs, *le nôtre, le vôtre,* ont un accent circonflexe sur l'*o,* tandis que les adjectifs possessifs *notre, votre,* etc., ne prennent pas d'accent.

Pronoms conjonctifs. — Ces pronoms sont :

SINGULIER.		PLURIEL.	
Masculin.	Féminin.	Masculin.	Féminin.
Lequel,	laquelle,	Lesquels,	lesquelles.
Duquel,	de laquelle,	Desquels,	desquelles.
Auquel,	à laquelle.	Auxquels,	auxquelles.

Qui, que,
Dont ou de qui. { Des deux genres et des deux nombres.

Pour que ces mots soient pronoms, il faut qu'ils n'accompagnent aucun nom.

Aux pronoms conjonctifs se rattachent les pronoms interrogatifs *qui? que? quoi? lequel? laquelle? lesquels? lesquelles?*

Pronoms indéfinis. — *On, personne, rien, chacun, chacune, quelqu'un, quiconque, autrui, la plupart, l'un, l'autre, l'un et l'autre.*

Sont encore pronoms indéfinis, *plusieurs, aucun, pas un, nul, tel,* quand il n'accompagnent pas un nom.

Premier exercice sur les pronoms.

L'ABEILLE ET LA MOUCHE.

(L'élève analysera tous les pronoms contenus dans cet exercice et les suivants.)

Un jour une abeille aperçut une mouche auprès de sa ruche. « *Que* viens-*tu* faire ici? *lui* dit-*elle* d'un ton furieux. Vraiment, c'est bien à *toi*, vil animal, à *te* mêler avec les reines de l'air ! — *Tu* as raison, répondit froidement *celle-ci* : on a toujours tort de s'approcher d'une nation aussi fougueuse que *la vôtre*.

— Rien n'est plus sage que *nous*, dit l'abeille : *nous* seules avons des lois et une république bien policée; *nous* ne broutons que des fleurs odoriférantes; *nous* ne faisons que du miel délicieux, *qui* égale le nectar. Ote-*toi* de ma présence, vilaine mouche importune, *qui* ne fais que bourdonner et chercher ta vie sur des ordures.

— *Nous* vivons comme *nous* pouvons, répondit la mouche : la pauvreté n'est pas un vice; mais la colère *en* est un grand. *Vous* faites du miel *qui* est doux, mais votre cœur est toujours amer; *vous* êtes sages dans vos lois, mais emportées dans votre conduite. Votre colère, *qui* pique vos ennemis, *vous* donne la mort, et votre folle cruauté *vous* fait plus de mal qu'à *personne*. Il vaut mieux avoir des qualités moins éclatantes avec plus de modération. »

Modèle d'analyse sur les pronoms.

Que	Pron. interr. masc. sing. mis pour *quelle chose?*
tu	Pron. pers. 2ᵉ pers. fém. sing. mis pour *mouche.*

elle	Pron. pers. 3e pers. fém. sing. mis pour *abeille.*
toi	Pron. pers. 2e pers. fém. sing. mis pour *mouche.*
te	Pron. pers. 2e pers. fém. sing. mis pour *mouche.*
tu	Pron. pers. 2e pers. fém. sing. mis pour *abeille.*
celle-ci	Pron. démonstr. fém. sing. mis pour *mouche.*
s'	Pour *soi*, pron. pers. 3e pers. fém. sing.
la vôtre	Pron. poss. fém. sing. mis pour *nation.*
nous	Pron. pers. 1re pers. fém. plur. mis pour *abeilles*, sous-entendues.
qui	Pron. conj. masc. sing. mis pour *miel.*
qui	Pron. conj. fém. sing. mis pour *mouche.*
en	Pron. pers. 3e pers. masc. sing. mis pour *de cela* (*vice*).
vous	Pron. pers. 2e pers. fém. plur. mis pour *abeilles*, sous-entendues.
qui	Pron. conj. fém. sing. mis pour *colère.*
vous	Pour *à vous*, pron. pers. 2e pers. fém. plur. mis pour *abeilles*, sous-entendues.
personne	Pron. indéf. masc. sing.

Deuxième exercice sur les pronoms,

LA COLOMBE ET LE PASSANT.

LE PASSANT.

D'où viens-*tu*, colombe charmante,
Où vas-*tu*, traversant les cieux?
D'où naît la rosée odorante,
Dont ton aile embaume ces lieux?
Dans ces parfums *qui t*'a baignée?

LA COLOMBE.

De mon pays bien éloignée,
Je viens de traverser les bois;
Je porte, docile et légère,
Le joli billet *que tu* vois,
Et *c*'est là ma tâche ordinaire.

Mon maître (admire sa bonté!)
Si *je* remplis bien mon message,
Veut *me* donner ma liberté;

Mais *j'*aime mieux mon doux servage ;
Où serait pour *moi* l'avantage
De *m'*égarer dans les forêts,
De *me* cacher sous le feuillage,
Trouvant à peine pour tout mets
Quelque graine amère et sauvage ?

Tous les jours dès le grand matin,
Dans la main du maître *qui m'*aime
Je vole becqueter son pain ;
Puis, dans sa coupe, avec *lui-même,*
Je bois un vin digne des dieux,
C'est un repas délicieux.

Plus vive alors est ma tendresse,
Je fais éclater mes transports ;
De mon aile *je le* caresse.
S'il (1) me plaît de dormir, *je* dors
Sur sa lyre mélodieuse...
Tu sais tout, adieu : laisse-*moi* ;
Passant, *je m'*oublie avec *toi,*
Et la corneille est moins jaseuse.

Troisième exercice sur les pronoms.

LES TROIS AMIS.

Un homme avait trois amis : deux *lui* étaient surtout très-chers ; le troisième *lui* était indifférent, quoique *celui-ci lui* portât un sincère attachement. Un jour, *il* fut appelé en justice. « *Qui* de *vous,* dit-*il,* à ses amis, veut venir avec *moi* et témoigner en ma faveur ? car une grande accusation pèse sur moi. »

Le premier de ses amis s'excusa à l'instant de ne pouvoir *l'*accompagner, étant retenu par d'autres affaires. Le second *le* suivit jusqu'aux portes du palais de justice ; là, *il* s'arrêta et retourna sur ses pas. Le troisième, sur *lequel il* avait le moins compté, entra, parla en sa faveur, et témoigna de son innocence avec tant de conviction, que le juge le renvoya absous.

(1) Pronom personnel mis pour *cela.*

Quatrième exercice sur les pronoms.

LE LOUP ET LE JEUNE MOUTON.

Des moutons étaient en sûreté dans leur parc ; les chiens
[do]rmaient, et le berger, à l'ombre d'un grand ormeau,
[jou]ait de la flûte avec d'autres bergers voisins. Un loup
[aff]amé vint, par les fentes de l'enceinte, reconnaître l'état
[du] troupeau. Un jeune mouton sans expérience, et *qui*
[n'a]vait jamais *rien* vu, entra en conversation avec lui.
[Q]ue venez-*vous* chercher ici ? dit-*il* au glouton.

— L'herbe tendre et fleurie, répondit le loup. *Vous*
[sa]vez que rien n'est plus doux que de paître dans une
[cour]te prairie émaillée de fleurs, pour apaiser sa faim, et
[a]ller éteindre sa soif dans un clair ruisseau : *j'*ai trouvé
l'un et l'autre. Que faut-il davantage ? *J'*aime la phi-
[los]ophie, *qui* enseigne à se contenter de peu.

— *Il* est donc vrai, repartit le jeune mouton, que *vous*
[ne] mangez point la chair des animaux, et qu'un peu
[d'h]erbe *vous* suffit ? Si *cela* est, vivons comme frères, et
[pai]ssons ensemble. « Aussitôt le mouton sort du parc
[dan]s la prairie, où le sobre philosophe *le* mit en pièces et
[ré]gala.

Cinquième exercice sur les pronoms.

L'HUITRE ET LES PLAIDEURS.

[U]n jour, dit un auteur, n'importe en quel chapitre,
[D]eux voyageurs à jeun rencontrèrent une huître ;
[T]ous deux *la* contestaient, lorsque dans leur chemin,
[L]a Justice passa, la balance à la main.
[D]evant *elle* à grand bruit *ils* expliquent la chose :
[L]a justice, pesant ce droit litigieux,
[D]emande l'huître, *l'*ouvre, et *l'*avale à leurs yeux ;
[E]t par ce bel arrêt terminant la bataille :
[«] Tenez, voilà, dit-*elle*, à *chacun* une écaille :
[D]es sottises d'*autrui nous* vivons au palais ;
[M]essieurs, l'huître était bonne. Adieu, vivez en paix. »

ANALYSE GRAM.   2

Sixième exercice sur les pronoms.

LE SAVANT ET LE VOLEUR.

(L'élève cherchera les pronoms contenus dans le devoir suivant, et en fera l'analyse.)

L'abbé de Molière était un homme simple et pauvre, étranger à tout, hors à ses travaux. Il n'avait point de valet, et travaillait dans son lit, faute de bois, sa culotte sur sa tête par-dessus son bonnet, les deux côtés pendant à droite et à gauche. Un matin il entend frapper à sa porte. « Qui va là ? — Ouvrez.... » Il tire un cordon et la porte s'ouvre. L'abbé de Molière, ne regardant point : « Qui êtes-vous ? — Donnez-moi de l'argent. — De l'argent ? — Oui, de l'argent. — Ah ! j'entends, vous êtes un voleur ? — Voleur ou non, il me faut de l'argent.—Vraiment oui, il vous en faut ? Eh bien ! cherchez là-dedans. »

Il tend le cou, et présente un des côtés de la culotte ; le voleur fouille : « Eh bien ! il n'y a point d'argent. — Vraiment non, mais il y a ma clef. — Eh bien, cette clef ?... — Cette clef, prenez-la. — Je la tiens. — Allez-vous-en à ce secrétaire, ouvrez... » Le voleur met la clef dans un autre tiroir. « Laissez donc, ne dérangez pas, ce sont mes papiers. Ventrebleu ! finirez-vous ? ce sont mes papiers. A l'autre tiroir vous trouverez de l'argent. — Le voilà. — Eh bien ! prenez. Fermez donc le tiroir... »

Le voleur s'enfuit. « Monsieur le voleur, fermez donc la porte. Morbleu ! il laisse la porte ouverte ! Quel chien de voleur ! il faut que je me lève par le froid qu'il fait. Maudit voleur ! » L'abbé saute en pieds, va fermer la porte, et revient se remettre au travail, sans penser peut-être qu'il n'avait pas de quoi payer son dîner.

RÉCAPITULATION

SUR LES NOMS, LES ADJECTIFS ET LES PRONOMS.

Premier exercice de récapitulation.

CÉSAR.

(L'élève analysera les mots soulignes.)

César mourut à *cinquante-six* ans. Jusqu'à quarante-deux ans *il* n'était pas sorti *du* rang *des* citoyens, et cependant *son* génie faisait déjà prévoir et craindre *sa* domination. En quatorze ans, *il* fit la conquête *du* monde ; jamais *aucun* homme ne *le* surpassa en *talents*, en ambition, en fortune. *Nul général* ne sut inspirer plus de dévouement à *ses* soldats : *on les* voyait aussi passionnés pour *lui* que *leurs* aïeux l'étaient autrefois pour la république. Il *les* enflammait d'un courage invincible.

La nature avait aussi bien traité César que la fortune : *sa taille* était élevée, *son teint* d'une blancheur éclatante, *sa tête* ovale, *son visage* plein et coloré, *ses yeux* noirs et vifs, *son corps* élancé. Sa constitution *robuste* ne fut altérée que par *quelques* attaques d'épilepsie. Son maintien était *doux* et *fier*, sa voix *sonore* ; une grâce *noble* brillait dans *tous ses* mouvements.

Quoiqu'il fût aussi *dur*, aussi *infatigable* dans les travaux qu'*intrépide* dans le péril, *personne* ne s'occupa jamais avec plus de soin de *sa* figure et de *ses* plaisirs. *Il* aimait à plaire comme à commander : *on* lui voyait toujours des *habits somptueux*, des *étoffes fines*, des *franges magnifiques*. Il ajoutait à *sa* parure *les plus belles* perles et les pierres *les plus précieuses*. *On* admirait dans *son palais* un grand nombre de *statues* et de *tableaux* des plus *grands* maîtres.

Deuxième exercice de récapitulation.

LA BARQUE DE L'ÉMIGRÉ.

On dit qu'*un Français*, obligé de fuir pendant la Terreur, avait acheté de *quelques* deniers *qui lui* restaient une

barque sur *le* Rhin; *il* s'y était logé, *lui* et *ses* deux enfants. N'ayant point d'argent, *il* n'y avait point pour *lui*
d'hospitalité. Quand *on le* chassait du *rivage*, il passait,
sans se plaindre, à l'*autre bord*. Souvent, poursuivi sur
les deux rives, il était obligé de jeter l'*ancre* au milieu du
fleuve. *Il* pêchait pour nourrir *sa* famille; mais les
hommes *lui* disputaient encore *les secours* de la *Provi-*
dence.

La nuit, *il* allait cueillir *des herbes sèches*, pour faire
un peu de feu, et *sa femme* demeurait dans de *mortelles*
angoisses jusqu'à *son retour*. Obligée de *se* faire sauvage
entre *quatre nations* civilisées, *cette* famille n'avait pas
sur le globe un seul coin de terre où *elle* osât mettre *le*
pied : *toute* sa consolation était, en errant dans le voisinage de *la France*, de respirer quelquefois un air *qui* avait
passé sur *son pays*.

Troisième exercice de récapitulation.

UN PERSAN A PARIS.

Les habitants de *Paris* sont d'une curiosité *qui* va jusqu'à l'extravagance. Lorsque *j'*arrivai, *je* fus regardé
comme si j'avais été envoyé du *ciel* : vieillards, hommes,
femmes, enfants, *tous* voulaient *me* voir. Si je sortais,
tout le monde *se* mettait *aux* fenêtres; si j'étais aux Tuileries, *je* voyais aussitôt un cercle *se* former autour de
moi; *les femmes* mêmes faisaient un *arc-en-ciel* nuancé
de *mille* couleurs *qui* m'entourait; si j'étais au *spectacle*,
je trouvais d'abord *cent* lorgnettes dressées contre *ma*
figure : enfin, jamais homme n'a tant été vu que *moi*.

Je souriais quelquefois des gens *qui* n'étaient presque
jamais sortis de *leur* chambre, *qui* disaient entre *eux* : Il
faut avouer qu'*il* a bien l'air Persan. Chose *admirable !* je
trouvais de *mes* portraits partout ; je *me* voyais multiplier
dans *toutes* les boutiques, sur *toutes* les cheminées, tant
on craignait de ne *m'*avoir pas assez vu.

Quatrième exercice de récapitulation.

LE RETOUR DANS LA PATRIE.

Je me rappelle que lorsque j'arrivai en France sur un vaisseau *qui* venait des Indes, dès que *les matelots* eurent distingué la terre de la patrie, *ils* devinrent pour *la plupart* incapables d'*aucune* manœuvre. *Les uns* la regardaient sans pouvoir *en* détourner les yeux, d'*autres* mettaient *leurs beaux habits*, comme s'*ils* avaient été au moment de descendre ; il y en avait *qui* parlaient tout seuls, et d'*autres qui* pleuraient.

A mesure que *nous* approchions, le trouble de *leurs* têtes augmentait : comme *ils* en étaient absents depuis *plusieurs* années, *ils* ne pouvaient *se* lasser d'admirer la verdure des collines, *le feuillage des arbres*, et jusqu'aux rochers du rivage couverts d'algues et de mousse, comme si *tous ces objets leur* eussent été nouveaux. Les clochers des villages où *ils* étaient nés, qu'*ils* reconnaissaient au loin dans les campagnes, et qu'*ils* nommaient *les uns* après *les autres*, *les* remplissaient d'allégresse.

Mais quand *le vaisseau* entra dans le port, et qu'ils virent sur *les quais*, *leurs* amis, *leurs* pères, *leurs* mères, *leurs* enfants, qui *leur* tendaient les bras en pleurant, et qui *les* appelaient par *leurs* noms, il fut impossible d'en retenir un seul à bord. *Tous* sautèrent à terre, et il fallut suppléer, suivant l'usage de *ce* port, aux besoins *du vaisseau* par un *autre* équipage.

Cinquième exercice de récapitulation.

L'OFFRANDE DU PAUVRE.

Fénelon, archevêque de *Cambrai*, confessait assidûment et indistinctement dans sa *métropole* toutes les personnes *qui* s'adressaient à *lui*. *Il* y disait la messe *tous les samedis*. Un jour, il aperçut, au moment où il allait monter à l'autel, *une pauvre femme* fort âgée *qui* paraissait vouloir *lui* parler. Il s'approcha d'*elle* avec *bonté*, *l'*enhardit par *sa douceur* à s'exprimer sans *crainte*.

« Monseigneur, *lui* dit-elle en pleurant et en *lui* présentant une *pièce* de *douze sous*, je n'ose pas, mais j'ai beaucoup de confiance dans *vos prières*. Je voudrais *vous* prier de dire *la messe* pour moi. — Donnez, ma bonne, *lui* dit Fénelon en recevant *son offrande, votre* aumône sera agréable à Dieu. Messieurs, dit-il ensuite aux prêtres qui *l'*accompagnaient pour *le* servir à l'autel, apprenez à honorer *votre* ministère. » Après la messe, *il* fit remettre à *cette femme* une somme assez considérable, et *lui* promit de dire *une seconde messe* le lendemain à son intention,

Sixième exercice de récapitulation.

L'HABIT D'ARLEQUIN.

Un jour de *mardi-gras*, j'étais à la fenêtre
   D'un oiseleur de *mes amis*,
   Quand sur le quai je vis paraître
Un petit arlequin *leste*, bien fait, bien mis,
Qui la batte à la main, d'une grâce *légère*,
Courait après un masque en *habit* de bergère.
Le peuple applaudissait par des *ris*, par des *cris*.

   Tout près de *moi*, dans une cage,
Trois oiseaux *étrangers*, de *différent* plumage,
   Perruche, Cardinal, Serin,
   Regardaient aussi l'arlequin.
La perruche disait : « J'aime peu son visage,
Mais son charmant habit n'eut jamais son égal ;
Il est d'un si beau vert ! — Vert ! dit le *Cardinal* :
   Vous n'y voyez donc pas, ma chère ?
   L'habit est *rouge* assurément,
   Voilà ce qui *le* rend *charmant*.

   — Oh ! pour *celui-là*, mon compere,
Répondit le Serin, *vous* n'avez pas raison,
   Car l'habit est jaune-citron ;

Et c'est ce *jaune*-là qui fait *tout* son mérite. •
` —Il est *vert*.—Il est *jaune*. — Il est *rouge*, morbleu ! »
    Interrompt *chacun* avec feu ;
    Et déjà le trio s'irrite.
« Amis, apaisez-vous, *leur* crie un bon Pivert :
    L'habit est jaune, rouge et vert.
Cela vous surprend fort ; voici *tout* le mystère :

Ainsi que bien de gens d'esprit et de savoir,
Mais *qui* d'un seul côté regardent une affaire,
    Chacun de vous ne veut y voir
    Que la couleur *qui* sait *lui* plaire. »

DU VERBE.

Le *verbe* est le mot par lequel on affirme que l'on est ou que l'on fait quelque chose, comme quand je dis : Paris *est* beau, l'enfant *court ; est* est un verbe, parce qu'il affirme que la qualité de *beau* convient à *Paris ; court* est un verbe, parce qu'il affirme que *l'enfant* fait l'action de *courir*.

Le verbe par excellence c'est le verbe *être ;* on l'appelle *verbe substantif*. Ce verbe exprime simplement l'existence, et il est toujours séparé de l'adjectif, qu'on nomme *attribut*.

Tous les autres verbes, au contraire, renferment en eux-mêmes le verbe *être* et l'attribut ; on les appelle, pour cette raison, *verbes attributifs*.

Ainsi quand on dit : le soleil *brille*, Paul *joue*, les verbes *brille, joue*, équivalent à *est brillant, est jouant*.

Nombres. — Il y a *deux nombres* pour les verbes comme pour les noms : le *singulier*, quand il s'agit d'une seule personne ou d'une seule chose : *je lis, l'enfant dort ;* le *pluriel*, quand il s'agit de plusieurs personnes ou de plusieurs choses : *nous lisons, les enfants dorment*.

Personnes. — Il y a *trois personnes* dans les verbes.
Je, nous, indiquent la première personne.
Tu, vous, indiquent la deuxième personne.

Il, elle, ou un nom singulier ; *ils, elles,* ou un nom au pluriel, indiquent la troisième personne.

Temps. — Il y a *trois temps* principaux : le *présent,* le *passé,* le *futur.*

Le *présent* n'a qu'un temps.

On distingue cinq sortes de *passé* ou *parfait :* l'*imparfait,* le *parfait défini,* le *parfait indéfini,* le *parfait antérieur,* le *plus-que-parfait.*

On distingue deux futurs : le *futur simple* et le *futur antérieur.*

Les temps se divisent en temps *simples* et en temps *composés.*

Les temps *simples* se forment sans le secours d'un autre verbe : *je marche, tu jouais, il dormait.*

Les temps *composés* se forment à l'aide d'un autre verbe : *je suis tombé, j'ai marché.*

Les deux verbes qui aident à conjuguer les autres s'appellent verbes *auxiliaires :* c'est le verbe *avoir* et le verbe *être.*

Modes. — Il y a six modes : l'*indicatif,* le *conditionnel,* l'*impératif,* le *subjonctif,* l'*infinitif,* le *participe.*

Les quatre premiers : l'*indicatif,* le *conditionnel,* l'*impératif,* le *subjonctif,* sont appelés modes *personnels,* parce que l'état ou l'action qu'ils expriment s'appliquent à l'une des trois personnes.

Les deux autres, l'*infinitif* et le *participe,* se nomment modes *impersonnels,* parce qu'ils expriment l'état ou l'action sans désigner particulièrement les personnes.

Premier exercice sur les verbes.

ENFANCE DE CYRUS.

(L'élève analysera le verbe substantif *être* et les verbes attributifs en désignant la personne, le nombre, le temps et le mode.)

Lorsque Cyrus *eut atteint* sa douzième année, sa mère, Mandane, le *conduisit* en Médie, près de son grand-père Astyage. Il *trouva* danr cette cour des mœurs bien différentes de celles de son pays. Le faste, le luxe, la magnificence y *régnaient* partout. Astyage *était* superbement *vêtu, avait* les sourcils peints, le visage fardé ; car les Mèdes *affectaient* de *vivre* dans la mollesse et de *se vêtir* d'écarlate, de *porter* des colliers et des bracelets, au lieu que les Perses *étaient vêtus* fort grossièrement.

Cyrus ne *fut* point *ébloui* de tout cet éclat, et, sans rien *critiquer* ni *condamner*, il *sut se maintenir* dans les principes qu'il *avait reçus* dès son enfance. Il *charmait* son grand-père par des saillies pleines d'esprit et de vivacité, et *gagnait* tous les cœurs par ses manières nobles et engageantes.

Modèle d'analyse sur les verbes.

L'ANALYSE DES VERBES SE FAIT DANS L'ORDRE SUIVANT :

Personne, nombre, temps, mode.

eut atteint	3ᵉ personne du sing. du parf. antér. de l'indicatif du verbe *atteindre*.
conduisit	3ᵉ pers. du sing. du parf. de l'ind. du verbe *conduire*.
trouva	3ᵉ pers. du sing. du parf. déf. de l'ind. du verbe *trouver*.
régnaient	3ᵉ pers. du plur. de l'imp. de l'ind. du verbe *régner*.
était vêtu	3ᵉ pers. du sing. de l'imp. de l'ind. du verbe *étre revêtu*.
affectaient	3ᵉ pers. du plur. de l'imp. de l'ind. du verbe *affecter*.
vivre	Prés. de l'inf. du verbe *vivre*.
se vêtir	Prés. de l'inf. du verbe *se vêtir*.
porter	Prés. de l'inf. du verbe *porter*.
étaient vêtus	3ᵉ pers. du plur. de l'imp. de l'ind. du verbe *étre vêtu*.
fut ébloui	3ᵉ pers. du sing. du parf. déf. de l'ind. du verbe *étre ébloui*.
critiquer	Prés. de l'inf. du verbe *critiquer*.
condamner	Prés. de l'inf. du verbe *condamner*.
sut	3ᵉ pers. du sing. du parf. déf. de l'ind. du verbe *savoir*.
se maintenir	Prés. de l'inf. du verbe *se maintenir*.
avait reçus	3ᵉ pers. du sing. du plus-q.-parf. de l'ind. du verbe *recevoir*.
charmait	3ᵉ pers. du sing. de l'imp. de l'ind. du verbe *charmer*.

2.

gagnait   3ᵉ pers. du sing. de l'imp. de l'ind. du verbe
           gagner.

Deuxième exercice sur les verbes.

LE PRINTEMPS.

Voici venir le doux printemps,
    Réveil de la nature,
Qui nous *ramène* tous les ans
    Les fleurs et la verdure.

Le fleuve n'*a* plus de glaçons,
    Qui *heurtent* le rivage ;
L'herbe *grandit*, et les buissons
    Se couvrent de feuillage.

Un soleil pur et radieux
    Brille aux cieux sans nuage,
Et des forêts l'hôte joyeux
    A repris son ramage.

Saison du plaisir, du bonheur,
    Tableau de notre enfance,
Que j'aime ta verte couleur,
    Symbole d'espérance !

Troisième exercice sur les verbes.

LE FEU.

Voyez-vous ce feu qui *paraît* allumé dans les astres, et qui *répand* partout sa lumière ? *Voyez*-vous cette flamme que certaines montagnes *vomissent*, et que la terre *nourrit* de soufre dans ses entrailles ? Ce même feu *demeure* paisiblement caché dans les veines des cailloux, et *il y attend* à *éclater* jusqu'à ce que le choc d'un autre corps *l'excite*, pour *ébranler* les villes et les montagnes. L'homme *a su l'allumer* et *l'attacher* à tous ses usages, pour *plier* les plus durs métaux, et pour *nourrir* avec du bois, jusque dans les climats les plus glacés, une flamme qui lui *tienne* lieu de soleil, quand le soleil *s'éloigne* de lui.

Cette flamme *se glisse* subtilement dans toutes les semences ; elle *est* comme l'âme de tout ce qui *vit ;* elle
consume tout ce qui *est* impur, et *renouvelle* ce qu'elle *a*
purifié. Le feu *prête* sa force aux hommes trop faibles : il
enlève tout à coup les édifices et les rochers. Mais *veut-*
on le *borner* à un usage plus modéré, il *réchauffe* l'homme,
il *cuit* les aliments. Les anciens, *admirant* le feu, *ont cru*
que c'*était* un trésor céleste que l'homme *avait dérobé*
aux dieux.

Quatrième exercice sur les verbes.

SOUVENIR D'UNE MÈRE.

Dès que je l'*eus quittée,* je me *laissai tomber* dans l'affliction la plus profonde, et tous les souvenirs qui me
suivirent dans mon voyage s'*accordèrent* pour m'*accabler.*
« Dans peu, je ne l'*aurai* donc plus cette mère qui depuis
ma naissance n'*avait respiré* que pour moi, cette mère
adorée à qui je *craignais* de *déplaire* comme à Dieu, et,
si je l'*osais dire,* encore plus qu'à Dieu même ; » car je
pensais à elle bien plus souvent qu'à Dieu ; et lorsqu'il
me *venait* quelque tentation à *vaincre,* quelque passion à
réprimer, c'*était* toujours ma mère que je me *figurais*
présente.

« Que *dirait*-elle, si elle *savait* ce qui se *passe* en moi !
Quelle en *serait* sa honte, ou quelle en *serait* sa douleur ! »
Telles *étaient* les réflexions que je m'*opposais* à moi-
même ; et dès lors ma raison *reprenait* son empire. Ceux
qui, comme moi, l'*ont connu,* cet amour filial si tendre,
n'*ont* pas besoin que je leur *dise* quels *étaient* ma tristesse
et l'abattement de mon âme.

DE LA CONJUGAISON ET DES DIFFÉRENTES SORTES DE VERBES.

Il y a quatre espèces de conjugaison que l'on distingue entre
elles par la terminaison du présent de l'infinitif.

La première conjugaison a le présent de l'infinif terminé
en *er,* comme *aim-er ;* la deuxième en *ir,* comme *fin-ir ;* la

troisième en *oir*, comme *recev-oir;* la quatrième en *re*, comme *rend-re.*

On distingue cinq sortes de verbes : les verbes *actifs* ou *transitifs*, les verbes *passifs*, les verbes *neutres* ou *intransitifs*, les verbes *réfléchis* ou *pronominaux*, les verbes *impersonnels*.

Verbes actifs. — Le verbe *actif* est celui qui exprime une action faite par le sujet et qui a un complément direct : je *connais* Paul, le chat *mange* la souris.

On reconnaît qu'un verbe est actif quand on peut mettre après ce verbe *quelqu'un* ou *quelque chose : connaître, manger,* sont des verbes actifs, parce qu'on peut dire *connaître quelqu'un, manger quelque chose.*

Verbes passifs. — On appelle verbe *passif* celui qui exprime une action soufferte, reçue par le sujet : la souris *est mangée* par le chat.

L'action d'être mangée est soufferte par la souris ; *est mangée* est un verbe passif.

La conjugaison du verbe passif se compose du verbe *être*, suivi du participe passé du verbe que l'on veut conjuguer : je *suis aimé*, j'*étais aimé*, j'*avais été aimé*, etc.

Verbes neutres. — On appelle verbe *neutre* celui qui par lui-même, et sans pouvoir prendre de complément direct, exprime l'état ou l'action du sujet : L'arbre *languit*, l'enfant *court.*

On reconnaît qu'un verbe est neutre, quand on ne peut pas le faire suivre des mots *quelqu'un* ou *quelque chose;* on ne peut pas dire *languir quelqu'un, courir quelque chose.*

La plupart des verbes neutres se conjuguent, dans leurs temps composés avec l'auxiliaire *avoir, j'avais dormi, j'ai paru,* mais il y en a qui se conjuguent avec l'auxiliaire *être : j'étais arrivé, je suis venu.*

Verbes réfléchis. — Le verbe *réfléchi* exprime une action qui se réfléchit sur le sujet : l'enfant *se repent, tu te blesses, nous nous louons.*

Il se conjugue ordinairement avec deux pronoms de la même personne, c'est pourquoi on l'appelle aussi *pronominal.* Dans les temps composés, il se conjugue avec l'auxiliaire *être.*

Verbes impersonnels. — On appelle verbe *impersonnel* celui qui ne s'emploie dans tous les temps qu'à la troisième personne du singulier : *il faut, il importe, il pleut,* etc.

Sixième exercice sur le verbe.

LES FAUVETTES.

(L'élève analysera le verbe en indiquant à quelle sorte et à quelle conjugaison il appartient.)

De tous les hôtes de nos bois, les fauvettes en *sont* les plus nombreuses, comme les plus aimables. Ces jolis oiseaux *arrivent* au moment où les feuilles *sont développées* et les fleurs *commencent* à s'*épanouir*. Les unes *viennent habiter* nos jardins, d'autres *préfèrent* les avenues et les bosquets, plusieurs espèces s'*enfoncent* dans les grands bois, et quelques-unes *se cachent* au milieu des roseaux. En tout temps, que le ciel *soit* pur, qu'*il pleuve* ou qu'*il tonne*, elles *remplissent* tous les lieux de la terre de leur tendre gaieté.

Modèle d'analyse.

sont	Verbe auxiliaire *être*.
arrivent	Verbe neutre *arriver*, 1re conjug.
sont développées	Verbe passif *être développé*.
commencent	Verbe neutre *commencer*, 1re conjug.
s'épanouir	Verbe pron. *s'épanouir*, 2e conjug.
viennent	Verbe neutre *venir*, 2e conjug.
habiter	Verbe actif *habiter*, 1re conjug.
préfèrent	Verbe actif *préférer*, 1re conjug.
s'enfoncent	Verbe pron. *s'enfoncer*, 1re conjug.
se cachent	Verbe pron. *se cacher*, 1re conjug.
soit	Verbe auxiliaire *être*.
il pleuve	Verbe impers. *pleuvoir*, 3e conjug.
il tonne	Verbe impers. *tonner*, 1re conjug.
remplissent	Verbe actif *remplir*, 2e conjug.

Septième exercice sur le verbe.

PRIÈRE EN MER.

Un soir (il *faisait* un profond calme), *nous nous trouvions* dans ces belles mers qui *baignent* les rivages de la Virginie; toutes les voiles *étaient pliées*; j'*étais occupé* sur le pont, lorque j'*entendis* la cloche qui *appelait* l'équipage à la prière ; *je me hâtai* d'*aller mêler* mes vœux à ceux de mes compagnons de voyage. Les officiers *étaient* sous le château de poupe avec les passagers ; l'aumônier, un livre à la main, *se tenait* un peu en avant d'eux ; les matelots *étaient répandus* pêle-mêle sur le tillac : nous *étions* tous debout, le visage tourné vers la proue du vaisseau, qui *regardait* l'occident.

Des larmes *coulèrent* malgré moi de mes paupières, lorsque mes compagnons, *ôtant* leurs chapeaux goudronnés, *vinrent* à *entonner* d'une voix rauque leur simple cantique à *Notre-Dame de Bon-Secours*, patronne des mariniers. Qu'elle *était* touchante la prière de ces hommes qui, sur une planche fragile, au milieu de l'océan, *contemplaient* le soleil couchant sur les flots !

Huitième exercice sur le verbe.

POMPÉIA.

A Rome, on ne *trouve* guère que les débris des monuments publics, et ces monuments ne *retracent* que l'histoire politique des siècles écoulés ; mais à Pompéia, c'*est* la vie privée des anciens qui *s'offre* à vous telle qu'elle *était*. Le volcan qui *a couvert* cette ville de cendres, l'*a préservée* des outrages du temps. Jamais des édifices exposés à l'air ne *se seraient* ainsi *maintenus*, et ce souvenir enfoui *s'est retrouvé* tout entier.

Les peintures, les bronzes *étaient* encore dans leur beauté première, et tout ce qui *peut servir* aux usages domestiques *est conservé* d'une manière effrayante. Les amphores *sont* encore *préparées* pour le festin du jour suivant ; la farine qui *allait être pétrie* est encore là. Les restes d'une femme *sont* encore *ornés* de parures qu'*elle portait* dans le jour de fête que le volcan *a troublé*, et ses bras desséchés ne *remplissent* plus le bracelet de pierreries qui les *entoure* encore.

RÉCAPITULATION.

Neuvième exercice sur le verbe.

LE COURTISAN EMBARRASSÉ.

Un matin Louis XIV *dit* au maréchal de Grammont :
« M. le maréchal, *lisez*, je vous *prie*, ce petit madrigal,
et *voyez* si vous en *avez* jamais *vu* de si impertinent :
parce qu'on *sait* que depuis peu j'*aime* les vers, on m'en
apporte de toutes les façons. — Sire, Votre Majesté *juge*
divinement bien de toutes choses ; il *est* vrai que voilà le
plus sot et le plus ridicule madrigal que j'*aie* jamais *lu*. »
Le roi *se mit* à *rire*, et lui dit « N'*est*-il pas vrai que celui
qui l'*a fait est* bien fat ? — Sire, il n'y *a* pas moyen de lui
donner un autre nom.

Modèle d'analyse complète sur le verbe.

L'ANALYSE COMPLÈTE DES VERBES SE FAIT DANS L'ORDRE SUIVANT :
personne, nombre, temps, mode, sorte du verbe, conjugaison.

dit   3e pers. du sing. du parf. déf. de l'ind. du verbe
actif *dire*, 4e conjug.

lisez   2e pers. du plur. de l'impér. du verbe actif *lire*,
4e conjug.

prie   1re pers. du sing. du prés. de l'ind. du verbe actif
prier, 1re conjug.

voyez   2e pers. du plur. de l'impér. du verbe actif *voir*,
3e conjug.

avez vu 2e pers. du plur. du parf. indéf. du verbe actif *voir*,
3e conjug.

sait   3e pers. du sing. du prés. de l'ind. du verbe actif
savoir, 3e conjug.

aime   1re pers. du sing. du prés. de l'ind. du verbe actif
aimer, 1re conjug.

apporte 3e pers. du sing. du prés. de l'ind. du verbe actif
apporter. 1re conjug.

juge   3e pers. du sing. du prés. de l'ind. du verbe actif
juger, 1re conjug.

         3e pers. du sing. du prés. de l'ind. du verbe auxi-
liaire *être*.

aie lu	1re pers. du sing. du parf. du subj. du verbe actif *lire*, 4e conjug.
se mit	3e pers. du sing. du parf. déf. de l'ind. du verbe pron. *se mettre*, 4e conjugaison.
rire	Prés. de l'inf. du verbe neutre *rire*, 4e conjug.
dit	3e pers. du sing. du parf. déf. de l'ind. du verbe actif *dire*, 4e conjug.
est	3e pers. du sing. du prés. de l'ind. du verbe auxil. *être*.
a fait	3e pers. du sing. du parf. déf. de l'ind. du verbe actif *faire*, 4e conjugaison.
est	3e pers. du sing. du prés. de l'ind. du verbe auxil. *être*.
a	3e pers. du sing. du prés. de l'ind. du verbe auxil. *avoir*.
donner	Prés. de l'inf. du verbe actif *donner*, 1re conjug.

(L'élève achèvera cet exercice.)

— Oh bien! *dit* le roi, *je suis ravi* que vous m'en *ayez parlé* si bonnement; c'est moi qui l'*ai fait*. — Ah! sire, quelle trahison! que Votre Majesté me le *rende*; je l'*ai lu* brusquement. — Non, monsieur le maréchal; les premiers sentiments *sont* toujours les plus naturels. » Le roi *a* fort *ri* de cette folie, et tout le monde *trouve* que voilà la plus cruelle petite chose que l'on *puisse faire* à un vieux courtisan.

Dixième exercice sur le verbe.

MORT DE SAINT LOUIS.

On n'*a vu* qu'une fois, l'on ne *verra* jamais un pareil spectacle : la flotte du roi de Sicile *se montrait* à l'horizon, la campagne et les collines *étaient couvertes* de l'armée des Maures; au milieu des débris de Carthage, le camp des Chrétiens *offrait* l'image de la plus affreuse douleur : aucun bruit ne *s'y faisait entendre*; les soldats moribonds *sortaient* des hôpitaux, et *se traînaient* à travers les ruines, pour *s'approcher* de leur roi expirant.

Louis *était entouré* de sa famille en larmes, des princes consternés, des princesses défaillantes. Les députés de l'empereur de Constantinople *se trouvèrent* présents à cette scène : ils *purent raconter* à la Grèce la merveille d'un trépas que Socrate *aurait admiré.*

Onzième exercice sur le verbe.

NAUFRAGE DU SAINT-GÉRAN.

Vers les neuf heures du matin, on *entendit,* du côté de la mer, des bruits épouvantables, comme si des torrents d'eau, mêlés à des tonnerres, *eussent roulé* du haut des montagnes. Tout le monde *s'écria* : Voilà l'ouragan! Et dans l'instant, un tourbillon affreux de vent *enleva* la brume qui *couvrait* l'île d'Ambre et son canal. Le *Saint-Géran parut* alors à découvert.

Il *présentait* son avant aux flots qui *venaient* de la pleine mer, et à chaque lame d'eau qui *s'engageait* dans le canal, sa proue *se soulevait* tout entière, de sorte qu'on en *voyait* la carène en l'air; mais, dans ce mouvement, sa poupe venant à *plonger, disparaissait* à la vue jusqu'au couronnement, comme si elle *eût été submergée.* Après *avoir été* longtemps *battu* par une mer en furie, le navire *s'entr'ouvrit* et *fut jeté* sur les rochers.

Douzième exercice sur le verbe.

L'ANE ET LA FLUTE.

(L'élève cherchera les verbes contenus dans l'exercice suivant, et en fera l'analyse.)

Un âne, en broutant ses chardons,
Regardait un pasteur jouant sous le feuillage,
D'une flûte dont les doux sons
Attiraient et charmaient les bergers du bocage.
Cet âne mécontent disait : « Ce monde est fou!
Les voilà tous bouche béante,
Admirant un grand sot qui sue et se tourmente
A souffler dans un petit trou.
C'est par de tels efforts qu'on parvient à leur plaire,
Tandis que moi... suffit..., allons-nous-en d'ici,
Car je me sens trop en colère. »
Notre âne, en raisonnant ainsi,

Avance quelques pas, lorsque sur la fougère
Une flûte laissée en ces champêtres lieux
Par quelque pasteur oublieux,
Se trouve sous ses pieds. Notre âne se redresse,
Sur elle de côté fixe ses deux gros yeux ;
Une oreille en avant, lentement il se baisse,
Applique son naseau sur le pauvre instrument,
Et souffle tant qu'il peut. O hasard incroyable !
Il en sort un son agréable.
L'âne se croit un grand talent,
Et tout joyeux, s'écrie en faisant la culbute
« Eh ! je joue aussi de la flûte. »

RECAPITULATION GÉNÉRALE.

Premier exercice de récapitulation.

VENISE.

(L'élève analysera tous les mots mis en caractère italique.)

L'aspect de *Venise* est plus étonnant qu'*agréable* : on *croit* d'abord voir *une ville* submergée, et *la* réflexion est *nécessaire* pour admirer le *génie* des mortels qui *ont conquis* cette demeure sur les eaux. *Naples* est bâtie en *amphithéâtre* au bord de la mer; mais Venise étant sur *un terrain* tout à fait *plat*, les clochers *ressemblent* aux mâts d'un vaisseau *qui* resterait *immobile* au milieu des *ondes.*

Un sentiment de tristesse *s'empare* de l'imagination en entrant dans Venise. *On prend* congé de la *végétation* ; *on* ne *voit* pas même une mouche en ce *séjour* ; *tous* les animaux en *sont bannis*, et *l'homme* seul est là pour *lutter* contre la *mer.*

Deuxième exercice de récapitulation.

MORT D'ALEXANDRE.

Alexandre fit *son entrée* dans Babylone avec un éclat *qui* surpassait *tout ce que l'univers* avait jamais vu. Pour rendre *son nom* plus fameux que *celui* de *Bacchus*, il entra dans *les Indes*, où *il poussa* ses conquêtes plus loin que *ce* célèbre *vainqueur*; mais *celui que* les déserts, les fleuves et les montagnes n'*étaient* pas *capables* d'arrêter, *fut contraint* de céder à *ses soldats* rebutés *qui lui* demandaient *du repos* : réduit à *se contenter* des superbes monuments *qu'*il laissa sur *les bords* de l'Araspe, il ramena son armée par *une* autre route *que* celle *qu'*il avait tenue, et *dompta* tous les pays *qu'*il trouva sur *son passage*.

Il revint à Babylone craint et respecté, non pas comme un conquérant, mais comme un dieu; mais *cet empire* formidable qu'il *avait conquis* ne dura pas plus longtemps que *sa vie*, qui fut courte : à l'âge de *trente-trois* ans, au milieu des plus *vastes* desseins qu'un homme *eût* jamais *conçus*, et avec les plus *justes* espérances d'un heureux succès, *il mourut* sans *avoir eu* le loisir d'établir ses affaires, laissant un frère imbécile et *des enfants* en bas âge, *incapables* dè soutenir un si grand *poids*.

DU PARTICIPE.

Le *participe* est un mot qui tient à la fois de l'adjectif et du verbe.

Il tient de l'adjectif, en ce qu'il sert comme l'adjectif à qualifier le nom : cheval *courant*, blé *fauché*.

Il tient du verbe, en ce qu'il marque un temps comme le verbe et qu'il peut en avoir le complément ; *aimant, ayant aimé la patrie*.

On dit du participe qu'il se rapporte à un nom ou à un pronom : *courant* se rapporte à *cheval*; *fauché* se rapporte à *blé*.

Il y a deux participes : le participe présent et le participe passé.

Le participe présent est toujours terminé en *ant* : *aimant, finissant, recevant, rendant*.

Il est toujours invariable : un femme *lisant*, des enfants *jouant*.

Mais il y a des adjectifs terminés en *ant* et qui prennent l'accord : des enfants *obéissants*, des chèvres *bélantes*; ce n'est plus alors un participe présent, mais un *adjectif verbal*.

Le participe passé est invariable; il n'a pas la même terminaison pour tous les verbes, comme *aimé*, *fini*, *reçu*; *écrit*, *pris*, *ouvert*.

L'analyse ne s'applique au participe passé que s'il est employé seul : maison *meublée*, page *écrite*, porte *ouverte;* mais s'il est accompagné d'un des deux auxiliaires, il fait partie de la conjugaison des verbes, et c'est ainsi qu'il faut l'analyser.

Premier exercice sur le participe.

(L'élève analysera le participe présent, l'adjectif verbal, le participe passé.)

J'ai quitté ma chambre au jour *naissant*, pour fuir la fatigue qui commençait à allanguir mes *pesantes* paupières, et *vêtue* d'une robe des plus simples, un panier au bras, me voici *gravissant* la côte de Couperic. J'atteins bientôt *essoufflée*, *fatiguée*, la hauteur *dominante* ; je m'assieds, *respirant* à pleins poumons l'odeur des jeunes pommiers *embaumant* l'air autour de moi. J'admire les prairies *s'inclinant* rapidement sous mes pieds, et *déroulant* là-bas leurs ondes *verdoyantes;* l'Indre, dont les eaux vives et *courantes*, *enserrant* de longues files d'arbres, dessinent sur les prés des sinuosités d'une couleur *éclatante*, et que le soleil illumine déjà de ses rayons *brûlants*.

On vient d'ouvrir l'écluse de la rivière ; alors un bruit de cascades et d'eaux *jaillissantes* s'élève dans les airs et me rappelle la continuelle harmonie des Alpes. Puis mille voix d'oiseaux, *s'éveillant* à leur tour, viennent mêler leurs harmonies diverses au concert de la nature. Voici les rossignols *cadençant* leurs chants voluptueux; là-haut, dans les airs, l'hymne *ravissant* de l'alouette *montant* avec le soleil, tandis que l'astre magnifique, *buvant* les vapeurs *flottant* sur la vallée, plonge ses rayons *éblouissants* dans la rivière, dont il écarte le voile brumeux; puis *montant* jusqu'à moi, *inondant* ma tête humide et mon papier, il me semble que j'écris sur une table de métal *brûlant*.

Modèle d'analyse sur le participe.

naissant	Adj. verbal masc. sing. se rapporte à *jour*.
pesantes	Adj. verbal fém. plur. se rapporte à *paupières*.
vélue	Part. passé fém. sing. du verbe *vêtir*, se rapporte à *je*.
gravissant	Part. prés., mot invariable, se rapporte à *me*.
essoufflée	Part. passé fém. sing. du verbe *essouffler*, se rapporte à *je*.
fatiguée	Part. passé fém. sing. du verbe *fatiguer*, se rapporte à *je*.
dominante	Adj. verbal fém. sing., se rapporte à *hauteur*.
respirant	Part. prés., mot invariable, du verbe *respirer*, se rapporte à *je*.
embaumant	Part. prés., mot invariable, du verbe *embaumer*, se rapporte à *pommiers*.
s'inclinant	Part. prés., mot invariable, du verbe *s'incliner*, se rapporte à *prairies*.
déroulant	Part. prés., mot invariable, du verbe *dérouler*, se rapporte à *prairies*.
verdoyantes	Adj. verbal fém. plur. se rapporte à *ondes*.
courantes	Adj. verbal fém. plur. se rapporte à *eaux*.
enserrant	Part. prés., mot invariable, du verbe *enserrer*, se rapporte à *Indre*.
éclatante	Adj. verbal fém. sing. se rapporte à *couleur*.
brûlants	Adj. verbal masc. plur. se rapporte à *rayons*.

(L'élève achèvera l'exercice.)

Deuxième exercice sur le participe.

INSTABILITÉ DES CHOSES HUMAINES.

Vous verrez dans une seule vie toutes les extrémités des choses humaines, la félicité sans bornes aussi bien que les misères, une longue et paisible jouissance d'une des plus nobles couronnes de l'univers ; tout ce que peuvent donner de plus glorieux la naissance et la grandeur *accumulées* sur une tête qui ensuite est exposée à tous les outrages de la fortune ; la bonne cause d'abord *suivie* de bons succès, et depuis des retours soudains, des change-ments inouïs.

La rébellion longtemps *retenue*, à la fin tout à fait maîtresse; nul frein à la licence; les lois *abolies*; la majesté *violée* par des attentats jusqu'alors *inconnus*; l'usurpation et la tyrannie sous le nom de liberté; une Reine fugitive, qui ne trouve aucune retraite dans trois Royaumes, et à qui sa propre patrie n'est plus qu'un triste lieu d'exil; neuf voyages sur mer, *entrepris* par une Princesse, malgré les tempêtes; l'Océan *étonné* de se voir *traversé* tant de fois en des appareils si divers, et pour des causes si différentes; un trône indignement *renversé* et miraculeusement *rétabli*; voilà les enseignements que Dieu donne aux Rois.

Troisième exercice sur le participe.

SPECTACLE D'UNE BELLE NUIT DANS LES DÉSERTS DU NOUVEAU MONDE.

Une heure après le coucher du soleil, la lune monta peu à peu dans le ciel. Elle reposait sur des groupes de nues *ressemblant* à la cime des hautes montagnes *couronnées* de neige. Ces nues, *ployant* et *déployant* leurs voiles, se déroulaient en zones diaphanes de satin blanc, se dispersaient en légers flocons d'écume, ou formaient dans les cieux des bancs d'une ouate *éblouissante*. La scène sur la terre n'était pas moins *ravissante*; le jour bleuâtre et *velouté* de la lune descendait dans les intervalles des arbres, et poussait des gerbes de lumière jusque dans l'épaisseur des plus profondes ténèbres.

La rivière qui coulait à mes pieds tour à tour se perdait dans les bois, tour à tour reparaissait toute *brillante* des constellations de la nuit, qu'elle répétait dans son sein. Dans une vaste prairie, de l'autre côté de cette rivière, la clarté de la lune dormait sans mouvement sur les gazons. Des bouleaux *agités* par les brises et *dispersés* çà et là formaient des îles d'ombres *flottantes* sur une mer immobile de lumière.

DE LA PRÉPOSITION.

La *préposition* est un mot invariable qui sert à unir deux mots et à en marquer le rapport.

Ex. : Je vais *à* Rome.
　　　 Je sors *de* la ville.
　　　 Je suis *chez* mon père.

A indique un rapport de tendance entre le verbe *je vais* et le substantif *Rome; de* indique un rapport d'éloignement; *chez*, un rapport de lieu.

Voici les principales prépositions :

A.	Derrière.	Jusque.	Selon.
Après.	Dès.	Outre.	Sous.
Avant.	Devant.	Malgré.	Suivant.
Avec.	Durant.	Par.	Sur.
Chez.	En.	Parmi.	Vers.
Contre.	Entre.	Pendant.	Voici.
Dans.	Envers.	Pour.	Voilà.
De.	Hormis.	Sans.	
Depuis.	Hors.	Sauf.	

Remarques. — I. Il ne faut pas confondre *à*, préposition, avec *a*, troisième personne du singulier du verbe *avoir; à*, préposition, est marqué d'un accent grave : Il monte *à* cheval; — *a*, verbe, n'a pas d'accent.

II. *Dès*, préposition, est marqué d'un accent grave : Il se lève *dès* l'aurore; — *des*, article contracté, est sans accent.

Certains mots, soit adjectifs, soit participes, s'emploient comme prépositions lorsqu'ils précèdent le nom; tels sont : *Proche, sauf, attenant, concernant, durant, joignant, nonobstant, moyennant, pendant, suivant, touchant.*

LOCUTIONS PRÉPOSITIVES.

On appelle *locution prépositive* un assemblage de mots faisant fonction de préposition.

Voici les principales locutions prépositives :

A cause de.	Au-dessous de.	Hors de.
A couvert de.	Au-dessus de.	Jusqu'à.
A côté de.	Au-devant de.	Loin de.
A fleur de.	Au péril de.	Par delà de.
A force de.	Auprès de.	Par derrière.
A la faveur de.	Autour de.	Par-dessus de.
A l'abri de.	Au travers de.	Par devant.
A l'égard de.	Aux dépens de.	Près de.
A l'exception de.	Avant de.	Proche de.
A l'insu de.	En deçà de.	Quant à.
A raison de.	En dépit de.	Vis-à-vis de.
A travers de.	En faveur de.	*Et autres locutions*
Au dedans de.	En force de.	*semblables.*
Au delà de.	Faute de.	

Premier exercice sur la préposition.

OBÉISSANCE PASSIVE.

L'élève analysera les prépositions et locutions prépositives contenues dans les exercices suivants.)

Un maître querelleur et difficile *à* servir, prescrivait le matin *à* son valet tout ce qu'il devait faire *selon* sa fantaisie *depuis* le matin *jusqu'au* soir. Il *lui* avait dit, *en* le prenant : « Tu ne feras que ce que je *te* dis ici, prends garde *de* ne rien faire *en* plus ou *en* moins ; ne va pas *au delà de* mes instructions, et ne reste pas en deçà.

« C'est *par* l'obéissance absolue *envers* moi que tu peux mériter mes bonnes grâces , sans cela je t'étrillerai de (1) telle façon que, *en dépit de* toi, il faudra que tu en viennes *à* me bien servir. » Cela dit, il *lui* remit un agenda où était marquée, heure *par* heure, la besogne *de* la journée, et tous les matins il commençait *par* y écrire ce que le valet aurait *à* faire *pour* lui ce jour-là.

(1) *De* fait ici partie de la locution conjonctive *de telle façon que.*

Modèle d'analyse sur la préposition.

à	Prép., mot invariable.
selon	Prép., mot invariable.
depuis	Prép., mot invariable.
jusqu'au	Pour *jusqu'à le*. *Jusqu'à*, locution prép., mot invariable.
lui	Pour *à lui*. *A*. prép., mot invariable.
en	Prép., mot invariable.
te	Pour *à toi*. *A*, prép., mot invariable.
de	Prép., mot invariable.
en	Prép., mot invariable.
au delà de	Locution prép., mot invariable.

(L'élève achèvera l'exercice.)

Deuxième exercice sur la préposition.

SUITE DU PRÉCÉDENT.

Un jour, le maître voulut se promener à (1) cheval; il était monté *sur* un alezan très-vif qu'il excitait encore *de* l'éperon, *malgré* l'avis que *lui* avait donné le maquignon. Le cheval, impatient, regimbe *contre* lui, et *voilà* notre cavalier par (2) terre, ou plutôt *dans* un fossé. Il tourna la tête vers son valet qui trottait paisiblement *derrière* lui, et l'appela *à* grands cris, car il était fortement contusionné; celui-ci vient *auprès de* lui *sans* se presser, et, bien loin *de* descendre *de* cheval, il tire *de* sa poche son livret, et le parcourt avec (3) attention.

« Que fais-tu là, maraud, *lui* crie le maître, *au lieu de* venir m'aider?—Monsieur, je cherche *dans* mon agenda si *parmi* vos ordres de ce matin, je trouverai celui *de* vous relever *dans* le cas où vous viendriez *à* tomber. Voilà, j'ai tout lu *jusqu'à* la fin *sans* y rien trouver *de* pareil, je ne puis aller *par delà* vos ordres, tirez-vous donc d'affaire comme vous pourrez; *quant à* moi, je vais me promener *en* vous attendant. »

(1) *A* fait ici partie de la locution adverbiale *à cheval*.
(2) *Par* fait partie de la locution adverbiale *par terre*.
(3) *Avec* fait partie de la locution adverbiale *avec attention*.

Troisième exercice sur la préposition.

PIÉTÉ FILIALE.

(L'élève cherchera les prépositions.—On ne fera pas l'analyse des mots mis entre parenthèses.)

Le grand Frédéric étant dans son cabinet de travail, sonna un jour pour appeler un de ses pages; personne ne vint. Il sortit alors et se dirigea vers la salle où ils se trouvaient, n'en (1) vit qu'un dormant sur un fauteuil; il allait le réveiller, lorsqu'il aperçut le bout d'un billet qui sortait de sa poche; curieux de savoir ce que ce pouvait être, il le prit et le lut.

(Loin d')être ce qu'il pensait, c'était une lettre de la mère du jeune homme, où elle le remerciait de ce que (depuis qu')il était à la cour, il lui envoyait une partie de ses gages pour la soulager dans sa misère; elle finissait en disant que, jusqu'à son dernier moment, elle prierait Dieu de le bénir en faveur de sa piété filiale. Le roi, (dès qu')il eut achevé sa lecture, prit un rouleau de pièces d'or, et le glissa (en silence) à côté de la lettre dans la poche du page; puis, sans faire de bruit, il rentra dans sa chambre.

Quatrième exercice sur la préposition.

SUITE DU PRÉCÉDENT.

Un peu (après), il sonna si fort, que le page se réveilla, et accourut auprès de lui. « Ah! te voilà, as-tu bien dormi? » lui dit Frédéric. Le page cherche à s'excuser, et dans son embarras porte la main à sa poche; au travers de l'étoffe il sent le rouleau, le tire, et il est au comble de l'étonnement et de l'affliction; il pâlit, et se jetant aux pieds du roi qui le regardait (avec sévérité), en dépit de son émotion :

« Oh! Sire, lui dit-il (tout en larmes), on veut me perdre, me faire chasser de chez vous; je ne sais pas ce que c'est que cet argent que je trouve dans ma poche.— Mon ami,

_____

(1) _En_ mis pour _d'eux,_ pronom personnel.

lui dit le roi, le bien nous vient souvent en dormant ; rassure-toi, je n'ai rien contre toi ; sois toujours le même à l'égard de ta mère, envoie-lui cet argent, et assure-la de ma protection, mais tâche une autre fois d'avoir le sommeil moins dur. »

DE L'ADVERBE.

L'*adverbe* est un mot invariable qui sert à modifier un verbe, un adjectif ou un autre adverbe.

Ex. : Le ruisseau *coule lentement.*
Cet enfant *est malade aujourd'hui.*
Jean dort *très-profondément.*

Remarques. — I. Il ne faut pas confondre *là*, adverbe, avec *la*, article ; *là*, adverbe, se distingue par un accent grave : Sortez d'ici, venez *là.*

II. — *En*, signifiant *dans*, est préposition : Je voyage en Italie. — *En*, signifiant *de lui*, *d'elle*, etc., *de cela*, est pronom : Voulez-vous des fruits? j'*en ai.* — Signifiant *de là*, il est adverbe : Avez-vous vu Londres? j'*en viens.*

III. *Y* joue également le double rôle de pronom et d'adverbe : Je connais cette affaire, j'*y* songerai. — Je vais au jardin, venez-*y* avec moi.

Voici la liste des principaux adverbes :

Ailleurs.	Cependant.	En.	Lors.
Ainsi.	Certes.	Encore.	Maintenant.
Alentour.	Combien.	Enfin.	Mieux.
Alors.	Comment.	Ensemble.	Moins.
Assez.	Davantage.	Ensuite.	Naguère.
Aujourd'hui.	Dedans.	Fort.	Ne.
Auparavant.	Dehors.	Guère.	Néanmoins.
Aussi.	Déjà.	Hier.	Non.
Aussitôt	Demain.	Ici.	Où.
Autant.	Désormais.	Jadis.	Oui.
Autrefois.	Dessous.	Jamais.	Parfois.
Beaucoup.	Dessus.	Là.	Partout.
Bien.	Dorénavant.	Loin.	Peu.

Pis.	Puis.	Tantôt.	Toutefois.
Plus.	Quelquefois.	Tard.	Très.
Plutôt.	Souvent.	Tôt.	Trop.
Pourtant.	Surtout.	Toujours.	Volontiers.
Presque.	Tant.		

A cette liste il faut ajouter tous les adverbes en *ment*, formés d'adjectifs pour la plupart.

Aisément.	Cordialement.	Facilement.
Amplement.	Distinctement.	Fièrement.
Attentivement.	Doucement.	Franchement.
Audacieusement.	Elégamment.	Gentiment.
Autrement.	Eloquemment.	Hardiment.
Bonnement.	Entièrement.	Impunément.
Civilement.	Etourdiment.	Inconsidérément,
Conjointement.	Extrêmement.	etc.

Certains adjectifs s'emploient aussi comme adverbes, quand ils modifient un verbe :

Chanter *juste*.	Sentir *bon*.	Chanter *faux*.
Voir *clair*.	Lire *haut*.	Rester *court*.
Parler *bas*.	Marcher *droit*.	Tenir *bon*.

Degrés de signification dans les adverbes.

La plupart des adverbes de manière et quelques autres admettent les trois degrés de signification.

Ex. : Poliment, *plus poliment, très-poliment*.
Souvent, *plus souvent, très-souvent*.

Remarque. — Le comparatif des adverbes *bien, mal*, s'exprime par un seul mot : *mieux, pis*. Au lieu de *pis*, on peut dire aussi *plus mal*, mais on ne dit jamais *plus bien*.

LOCUTIONS ADVERBIALES.

On appelle *locution adverbiale* une réunion de mots faisant office d'adverbe.

Voici les principales locutions adverbiales :

A côté.	A la fois.	A l'envi.
A jamais.	A la hâte.	A l'insu, etc.

A coup sûr.	De nuit.	Par derrière (1).
A loisir.	De plus.	Par devant.
A part.	Depuis peu.	Par hasard.
A peine.	Dès lors.	Par ici.
Après demain.	De suite.	Par là, etc.
A présent.	D'ordinaire.	Peut-être.
A raison.	D'où.	Plus bas.
A regret.	Du moins.	Plus haut.
Au delà.	Du reste.	Plus loin.
Au-dessous.	Du tout, etc.	Point du tout.
Au-dessus.	En arrière.	Quelque part.
Au moins.	En avant.	Quelque temps.
A tort.	En bas.	Sans doute.
Avant hier.	En haut.	Sans cesse.
Avec enchantement.	En vain.	Tant soit peu.
Avec peine.	En sus.	Tard.
Avec raison.	Jusque-là.	Tôt.
Avec soin, etc.	Là-bas.	Tôt ou tard.
Çà et là.	Là-dedans.	Sens dessus dessous.
Ci-après.	Le moins.	Tout à coup.
Ci-contre.	Longtemps.	Tout à fait.
D'abord.	Ne... jamais.	Tout à l'heure.
D'accord.	Ne... pas.	Tout de suite.
D'ailleurs.	Ne... plus.	Tout d'un coup.
De jour.	Ne point, etc.	Une fois.
De même.	Nulle part.	Un jour.

Premier exercice.

JEAN DE CASTRO.

(L'élève analysera les adverbes et locutions adverbiales contenus dans les exercices suivants.)

Jean de Castro, Portugais *fort* célèbre parmi ceux qui se sont distingués dans la conquête des Indes orientales, passait pour être *très*-jaloux de son honneur, et *entière-*

(1) L'élève remarquera que *par derrière*, *par devant*, et d'autres mots encore figurent à la fois dans la liste des adverbes et dans la liste des prépositions.

On peut dire en général que ces mots sont prépositions lorsqu'ils sont *suivis d'un nom* ou d'un pronom ; ils sont adverbes, lorsqu'ils sont employés *seuls*. Ex. : Vous marcherez *devant moi, derrière nous* (devant, derrière préposition). — Nous marchions *derrière*, ils marchaient *devant*, (derrière, devant, adverbes). — Autre exemple : Nous partirons *après les grands froids* (après, préposition). — Nous partîmes huit jours *après* (après adverbe).

ment esclave de sa parole. Se trouvant *un jour tout à fait* dépourvu d'argent, il *n*'hésita *nullement* à en emprunter aux habitants de la ville de Goa.

Mais *d'abord* quel gage donnerait-il aux prêteurs ? Les militaires *ordinairement ne* sont *point du tout* favorisés de la fortune, et *n*'ont *point* de propriétés sur lesquelles on puisse *sûrement* compter. La guerre offre *d'ailleurs tant* de chances de perte, qu'on *ne* peut guère espérer avoir *demain* ce que l'on possédait *hier*. Tout cela était *aussi* vrai *autrefois* qu'*aujourd'hui*; Jean de Castro était loin de l'ignorer, et s'en inquiétait *beaucoup*.

Modèle d'analyse.

fort	adv., mot invariable.
très	adv., mot invariable.
entièrement	adv., mot invariable.
un jour	locution adv., mot invariable.
tout à fait	locution adv., mot invariable.
nullement	adv., mot invariable
d'abord	locution adv., mot invariable.
ordinairement	adv., mot invariable.
point du tout	locution adv., mot invariable.
ne... point	locution adv., mot invariable.
sûrement	adv., mot invariable.
d'ailleurs	locution adv., mot invariable.
tellement	adv., mot invariable.
ne... guère	locution adv., mot invariable.
demain	adv., mot invariable.
hier	adv., mot invariable.
aussi	adv., mot invariable.
autrefois	adv., mot invariable.
aujourd'hui	adv., mot invariable.
beaucoup	adv., mot invariable.

Deuxième exercice sur l'adverbe.

SUITE DE L'EXERCICE PRÉCÉDENT.

Enfin voici le singulier gage qu'il trouva; ayant rassemblé les notables de la ville, il leur fit premièrement sa demande; puis coupant entièrement une de ses moustaches, voilà, leur dit-il, un gage que j'estime plus que tout l'or du monde, je vous le consigne pour la sûreté du prêt. Tout autre eût, à coup sûr, essayé en vain d'emprunter de l'argent contre un pareil nantissement ; mais les notables, pleins de confiance en sa parole, beaucoup plus, assurément, qu'en son dépôt, acceptèrent cependant son gage et lui prêtèrent tout de suite les dix mille pistoles ; ils lui eussent même prêté davantage aussi volontiers. Du reste, bientôt la fortune favorisa Jean de Castro au delà de ses espérances ; alors, fidèle à sa promesse, il rendit exactement la somme qu'on lui avait si gracieusement prêtée, et dégagea sa moustache.

Troisième exercice.

DESCRIPTION DE LA TOURAINE.

L'élève analysera les prépositions et les adverbes contenus dans le devoir suivant.)

Vous ne connaissez peut-être pas cette partie de la France que l'on a si justement nommée son jardin ; ce pays où l'on respire toujours un air pur, dans des prairies sans cesse verdoyantes, arrosées par un grand fleuve. Si vous avez traversé quelquefois, dans les mois d'été, la belle Touraine, vous aurez longtemps suivi avec enchantement la Loire paisible, et vous aurez sans doute regretté de ne pouvoir déterminer entre les deux rives celle où vous choisiriez votre demeure.

Lorsqu'on accompagne quelque temps le flot jaune de ce beau fleuve, qui roule majestueusement ses ondes fertilisantes, on ne cesse jamais de perdre ses regards dans les détails riants de la rive droite. Partout des vallons peuplés de jolies maisons blanches qu'entourent de toutes parts des bosquets, des coteaux jaunis par les vignes ou blanchis par les fleurs de cerisier.

Quatrième exercice.

SUITE DE L'EXERCICE PRÉCÉDENT.

(L'élève analysera les prépositions et les adverbes contenus dans le devoir suivant.)

Ici de vieux murs couverts de chèvrefeuilles en fleurs,

là des jardins de roses, d'où sort tout à coup une tour gothique, qui s'élance gracieusement dans les airs. Tout ici nous rappelle à l'envi la fécondité de la terre ou l'ancienneté de ses monuments, et tout intéresse dans les œuvres de ses industrieux habitants. Rien ne leur paraît tout à fait inutile ; il semble que, dans leur amour d'une si belle patrie, seule province de France que n'occupa jamais l'étranger, ils se soient efforcés toujours de ne pas perdre le moindre espace de terrain, le plus léger grain de son sable.

Les souvenirs historiques se retrouvent ici à chaque pas. Là-bas, voilà Chambord, qui ressemble à une ville d'Orient ; plus haut c'est Chanteloup, suspendant au milieu de l'air son élégante pagode ; ici c'est Chaumont, dont la masse imposante et la riche situation attirent sans cesse les visiteurs et les touristes.

DE LA CONJONCTION.

La *conjonction* est un mot invariable qui sert à unir deux propositions et à en marquer le rapport.

Ex. : Il faut fuir ce qui est mal ;

Or, l'oisiveté est un mal ;

Donc il faut fuir l'oisiveté.

Les propositions sont liées entre elles de deux manières : tantôt elles forment séparément un sens distinct et complet et sont appelées *principales ;* tantôt elles sont dépendantes les unes des autres et se nomment *subordonnées*.

Les principales conjonctions unissant les propositions principales sont : *et, ou, ni, mais, or, donc, car*.

Les conjonctions de subordination sont : *quand, comme, que, si*, et leurs composés *lorsque, quoique, comme si*, etc.

REMARQUES. — I. Le mot *que* a trois rôles différents. Il est pronom relatif : La rose est la fleur *que* je préfère. — Il est adverbe de quantité, dans le sens de *combien : Que* la nature est admirable ! — Enfin il est conjonction : Tout prouve *que* Dieu existe.

II. *Ou,* conjonction, signifie *ou bien,* et s'écrit sans accent : Mon père *ou* mon oncle viendra. — *Où,* adverbe, prend l'accent grave et exprime le lieu : *Où* menez-vous ces troupeaux?

III. *Si,* conjonction, exprime le doute, la supposition : Pars, *si* tu veux. — *Si,* adverbe, signifie *à tel point, tellement, aussi :* Peut-on être à la fois *si* riche et *si* avare? Il n'est pas *si* sage que vous.

IV. *Quand,* adverbe et conjonction, prend un *d.* — *Quant à,* locution prépositive, prend un *t.*

V. *Quoique,* en un mot, est une conjonction signifiant *bien que :* Il revint, *quoiqu'on* l'eût maltraité. — *Quoi que,* en deux mots, qui sont deux pronoms, signifie *quelle que soit la chose que : Quoi qu'*il dise, on ne le croit pas.

Voici la liste des principales conjonctions.

Ainsi.	Mais.	Quand.
Car.	Néanmoins.	Que.
Cependant.	Ni.	Quoique.
Comme.	Or.	Savoir.
Donc.	Ou.	Si.
Et.	Pourquoi.	Toutefois.
Lorsque.	Puisque.	

LOCUTIONS CONJONCTIVES.

On appelle *locution conjonctive* une réunion de mots faisant l'office de la conjonction.

Voici les principales locutions conjonctives :

A condition que.	Autant que.	De telle façon que.
Afin que.	Avant que.	De telle manière que.
Ainsi que.	Bien entendu que.	De telle sorte que.
A mesure que.	Bien que.	Du moins.
A moins que.	C'est pourquoi.	Durant que.
Après que.	D'ailleurs.	En cas que.
A telles enseignes que.	De crainte que.	Encore que.
A tel point que.	De façon que.	En effet.
Attendu que.	De manière que.	Jusqu'à ce que.
Au lieu que.	De même que.	Loin que.
Au moins.	De peur que.	Non plus que.
Au point que.	Depuis que.	Non que.
Aussi bien que.	De sorte que.	Ou bien.
Aussitôt que.	Dès que.	Outre que.

3.

Parce que.	Qui que.	Soit... soit.
Pendant que.	Quoi que.	Soit que.
Peut-être que.	Sans que.	Supposé que.
Pour peu que.	Si bien que.	Tandis que.
Pour que.	Si ce n'est que.	Tant que.
Pourvu que.	Sinon que.	Tant s'en faut que.
Quand bien même.	Si peu que.	Tellement que.
Quand même.	Si... que.	Tout... que.
Quel que.	Si tant est que.	Vu que.
Quelque... que.	Sitôt que.	

REMARQUE. — *Parce que,* en deux mots, est une conjonction signifiant *attendu que* : *Parce qu'*il est bon, faut-il qu'il soit faible? — *Par ce que,* en trois mots, se compose de *par,* préposition, *ce,* pronom démonstratif, *que,* pronom relatif, et signifie *par cela que, par cette chose que . Par ce que* vous me dites, je vois qu'on vous a trompé.

Premier exercice.

FATALE MÉPRISE,

(L'élève cherchera les conjonctions et en fera l'analyse.)

Il existait à Francfort un banquier très-habile en affaires, *mais* dont l'esprit était loin d'être aussi délié *quand* on le tirait de ses chiffres. Étant allé passer la belle saison à la campagne, sa femme tomba dangereusement malade. Un médecin fut appelé tout de suite, il examina la malade, et répondit de sa guérison au moyen d'une poudre dont il remit un paquet au mari. « *Mais,* dit le docteur, *comme* il est important que la dose ne soit *ni* trop forte *ni* trop faible, *de peur que* vous ne vous trompiez il faudrait avoir une balance.

J'en ai une ici, répondit le banquier, *car* j'en ai toujours besoin, *soit* pour peser les pièces d'or douteuses, *soit* pour peser les lingots. — Eh bien! vous mettrez dans une bouteille d'eau une quantité de poudre égale au poids d'un ducat d'or; *néanmoins,* faites bien attention, *parce que* tout dépend de l'exactitude que vous mettrez dans les doses du remède. » *Or,* deux jours après, le médecin revient *et* trouve la femme morte.

Modèle d'analyse sur la conjonction.

Mais	conj.; mot invariable.
comme	conj., mot invariable.
ni	conj., mot invariable.
de peur que	locution conj., mot invariable.
car	conj., mot invariable.
soit	conj., mot invariable.
néanmoins	conj., mot invariable.
parce que	locution conj., mot invariable.
or	conj., mot invariable.
et	conj., mot invariable.

Deuxième exercice.

SUITE DU PRÉCÉDENT.

(L'élève cherchera les prépositions, les adverbes et les conjonctions contenus dans les exercices suivants, et en fera l'analyse.)

« C'est étrange, dit-il, car mon remède était infaillible, à moins que vous n'ayez pas suivi mon ordonnance; ne lui auriez-vous pas donné de ma poudre? — A telles enseignes que voici la boîte qui est vide. — Comment, vous lui avez fait prendre toute la poudre? — En deux bouteilles. — Mais, malheureux, vous avez donc oublié ma prescription, lorsque vous avez fait cela? — Non; ne m'aviez-vous pas dit le poids d'un ducat? Comme je n'avais pas ici de ducat d'or, j'ai mis dans la balance trois écus qui font un ducat. »

Troisième exercice.

LA JUMENT DE L'ARABE.

Un bédouin avait une jument très-renommée et qui faisait l'envie de tous les membres de sa tribu, au point que l'un d'entre eux, nommé Daher, était devenu comme fou du désir de la posséder; mais il avait offert en vain pour elle ses chameaux et toutes ses richesses; c'est pourquoi il résolut d'employer la ruse pour en venir à ses fins. Il se teignit la figure avec du jus d'herbe, se vêtit de haillons, afin qu'on ne pût le reconnaître, se lia les bras et les jambes comme un mendiant estropié, puis s'en alla ainsi déguisé attendre Naber, le maître de la jument, dans un chemin où il devait passer.

Quand il fut proche, il lui dit d'une voix éteinte : « Je suis un pauvre étranger; je vais mourir ici de besoin et de fatigue, secourez-moi et Dieu vous récompensera. » Le bédouin lui proposa alors de monter sur son cheval, afin qu'il put le conduire chez lui. Mais le fourbe répond : « Je ne puis me lever, je n'en ai pas la force. » L'autre, plein de compassion pour une si grande infortune, descend, approche sa jument, et le place dessus à grand'peine.

Quatrième exercice.

SUITE DU PRÉCÉDENT.

Mais lorsqu'il se sent en selle, Daher donne un coup d'éperon et part en disant : « C'est moi, Daher, qui l'ai prise et qui l'emmène. » Cependant le maître de la jument lui crie d'écouter. Sûr de n'être pas atteint, il s'arrête et se retourne, et Naber lui dit : « Garde ma jument, puisque Dieu l'a voulu ainsi; néanmoins, je te prie de ne dire à personne comment tu l'as obtenue.

— Et pourquoi? — Parce qu'un autre pourrait être réellement malade et rester sans secours ; or tu serais cause que personne ne ferait plus un seul acte de charité, afin de ne pas être dupé comme moi. » Frappé de ces paroles, Daher descend de cheval, et le rend à son propriétaire en l'embrassant. Celui-ci le conduisit chez lui, ils passèrent trois jours ensemble et se jurèrent fraternité.

DE L'INTERJECTION.

L'*interjection* est un mot invariable qui sert à exprimer les sentiments vifs et subits de l'âme, la joie, la douleur, la surprise, etc.

La joie :	Ah! bon!
La douleur :	Aïe! ah! hélas!
La crainte :	Ha! hé! ho!
L'admiration :	Ah! eh! oh!
L'aversion :	Fi! fi! donc!
Pour encourager :	Allons! ça! courage!
Pour appeler :	Holà! hé!
Pour faire taire :	Chut! paix!

REMARQUE. — Il faut rattacher à cette liste toutes les locutions qui s'emploient comme interjections.

Ex. : *Ciel! miséricorde! grand Dieu! peste! silence!*

Premier exercice.

(L'élève cherchera les prépositions, les adverbes, les conjonctions, les interjections, et en fera l'analyse.)

Eh grand Dieu! qui te fait donc courir ainsi? — Oh! là! là! que j'ai eu peur! — Peur? fi donc! un grand garçon comme toi? — Ah! c'est que je ne m'y attendais nullement; je bêchais dans ce coin de jardin, tout à coup un serpent est sorti de terre, et s'est sauvé en glissant entre mes jambes. Miséricorde! il me semble que je le sens encore.

Deuxième exercice.

Andromaque, fondant en larmes, s'approcha de son mari, déjà couvert de ses armes, et lui prenant la main : « O mon Hector! lui dit-elle, votre valeur causera votre perte! Quoi! vous n'avez donc pitié, ni de cet enfant qui ne peut encore vous parler, ni d'une épouse infortunée qui va vous perdre.

« Ah! les Grecs, en s'unissant contre vous, vont par votre mort, venger toutes leurs pertes. Hélas! combien je voudrais, si vous devez périr, descendre la première au tombeau. Grands dieux! il n'est plus de joie, plus de consolation pour la malheureuse Andromaque! »

RÉCAPITULATION GÉNÉRALE

SUR LA CLASSIFICATION DES MOTS.

Premier exercice de récapitulation.

LA MAISON DE ROLLIN.

(L'élève analysera tous les mots.)

1. Je commence à sentir et à aimer plus que jamais la douceur de la vie rustique, depuis que j'ai un petit jardin qui me tient lieu de maison de campagne.

2. Je n'ai point de longues allées à perte de vue, mais deux petites seulement, dont l'une me donne de l'ombre sous un berceau assez propre, et l'autre, exposée au midi, me fournit du soleil pendant une bonne partie de la saison.

3. Un petit espalier, couvert de cinq abricotiers et de dix pêchers, fait tout mon fruitier.

4. Je n'ai point de ruches à miel; mais j'ai le plaisir tous les jours de voir les abeilles voltiger sur les fleurs de mes arbres, et, attachées à leur proie, s'enrichir du suc qu'elles en tirent, sans me faire aucun tort.

5. Ma joie n'est pourtant point sans inquiétude, et la tendresse que j'ai pour mon petit espalier et pour quelques œillets me fait craindre pour eux le froid de la nuit, que je ne sentirais point sans cela.

6. Il ne manquera rien à mon bonheur, si mon jardin et ma solitude contribuent à me faire songer plus que jamais aux choses du ciel.

Modèle d'analyse.

Je	Pron. pers. 1re pers. du masc. sing.
commence	1re pers. du sing. du prés. de l'ind. du verbe neutre *commencer*, 1re conjug.
à	Prep., mot invariable.
sentir	Prés. de l'inf. du verbe actif *sentir*, 2e conj.

et	Conj., mot invariable.
à	Prép., mot invariable.
aimer	Prés. de l'inf. du verbe actif *aimer*, 1re conj.
plus	Adv., mot invariable.
que	Conj., mot invariable.
jamais	Adv., mot invariable.
la	Art. simple, fém. sing. déterm. *douceur*.
douceur	Nom com. fém. sing.
de	Prép., mot invariable.
la	Art. simple, fém. sing. déterm. *vie*.
vie	Nom com. fém. sing.
rustique	Adj. qual., fém. sing. qualifie *vie*.
depuis que	Locution conj.
j'	Mis pour *je*. Pron. pers. 1re pers. du masc. sing.
ai	1re pers. du sing. du prés. de l'ind. du verbe auxil. *avoir*.
un	Adj. indéf. masc. sing. déterm. *jardin*.
jardin	Nom com. masc. sing.
qui	Pronom conj. masc. sing. mis pour *jardin*.
me	Pour *à moi*.
à	Prép., mot invariable.
moi	Pron. pers. 1re pers. du masc. sing.
tient	3e pers. du sing. du présent de l'ind. du verbe actif *tenir*, 2e conj.
lieu	Nom com. masc. sing.
de	Prép., mot invariable.
maison	Nom com. fém. sing.
de	Prép., mot invariable.
campagne.	Nom com. fém. sing.

Deuxième exercice de récapitulation.

IL EST UN DIEU.

7. Il est un Dieu. Les herbes de la vallée et les cèdres de la montagne le bénissent; l'insecte bourdonne ses louanges; l'éléphant le salue au lever du jour.

8. L'oiseau le chante dans le feuillage, la foudre fait éclater sa puissance, et l'Océan déclare son immensité. L'homme seul a dit : Il n'y a point de Dieu !

9. Il n'a donc jamais, celui-là, dans ses infortunes, levé les yeux vers le ciel, ou, dans son bonheur, abaissé ses regards vers la terre !

10. La nature est-elle si loin de lui qu'il ne l'ait pu contempler, ou la croit-il le simple résultat du hasard? Mais quel hasard a pu contraindre une matière désordonnée et rebelle à s'arranger dans un ordre si parfait?

Troisième exercice de récapitulation.

LA FEUILLE.

11. De ta tige détachée,
Pauvre feuille desséchée,
Où vas-tu? — Je n'en sais rien :
L'orage a brisé le chêne
Qui seul était mon soutien.

12. De son inconstante haleine,
Le zéphir ou l'aquilon
Depuis ce jour me promène
De la forêt à la plaine,
De la montagne au vallon.

13. Je vais où le vent me mène,
Sans me plaindre ou m'effrayer,
Je vais où va toute chose,
Où va la feuille de rose
Et la feuille de laurier.

Quatrième exercice de récapitulation.

JÉSUS-CHRIST.

14. Quel homme eut jamais plus d'éclat! Le peuple juif tout entier le prédit avant sa venue. Le peuple gentil l'adore après sa venue. Les deux peuples gentil et juif le regardent comme leur centre.

15. Et cependant quel homme jouit jamais moins de cet éclat! De trente-trois ans, il en vit trente sans paraître. Dans trois ans il passe pour un imposteur; les prêtres et les principaux le rejettent; ses amis et ses plus proches le méprisent. Enfin il meurt trahi par un des siens, renié par l'autre, et abandonné par tous.

16. Quelle part a-t-il donc à cet éclat? Jamais homme

n'a eu tant d'éclat; jamais homme n'a eu plus d'ignominie.

17. Tout cet éclat n'a servi qu'à nous, pour nous le rendre reconnaissable; et il n'en a rien eu pour lui.

Cinquième exercice de récapitulation.

LE BERGER ET LE TROUPEAU.

18. Quand vous voyez quelquefois un nombreux troupeau qui, répandu sur une colline, vers le déclin d'un beau jour, paît tranquillement le thym et le serpolet, ou qui broute dans une prairie une herbe menue et tendre qui a échappé à la faux du moissonneur, le berger soigneux et attentif est debout auprès de ses brebis :

19. Il ne les perd pas de vue, il les suit, il les conduit, il les change de pâturage; si elles se dispersent, il les rassemble; si un loup avide paraît, il lâche son chien, qui le met en fuite; il les nourrit: il les défend, l'aurore le trouve déjà en pleine campagne, d'où il ne se retire qu'avec le soleil.

20. Quels soins! quelle vigilance! quelle servitude! Quelle condition vous paraît la plus délicieuse et la plus libre, ou du berger ou des brebis? Le troupeau est-il fait pour le berger ou le berger pour le troupeau?

Sixième exercice de récapitulation.

UN POÈTE A SON PETIT LOGIS.

21. Petit séjour, commode et sain,
Où des arts et du luxe en vain
On chercherait quelque merveille;
Humble asile, où j'ai sous la main
Mon La Fontaine et mon Corneille,
Où je vis, m'endors et m'éveille
Sans aucun soin du lendemain,
Sans aucun remords de la veille.

22. Retraite où j'habite avec moi,
Seul, sans désirs et sans emploi,
Libre de crainte et d'espérance :
Enfin, après trois jours d'absence,

Je viens, j'accours, je t'aperçois.

23. O mon lit! ô ma maisonnette!
Chers témoins de ma paix secrète!
C'est vous! vous voilà! Je vous vois!
Qu'avec plaisir je vous répète:
Il n'est point de petit chez-soi!

Septième exercice de récapitulation.

PREMIÈRE ÉDUCATION DES ENFANTS.

24. Ce qui est le plus utile dans les premières années de l'enfance, c'est de ménager la santé de l'enfant, de tâcher de lui faire un sang doux, par le choix des aliments et par un régime de vie;

25. C'est de régler ses repas, en sorte qu'il mange toujours à peu près aux mêmes heures, qu'il mange assez souvent, à proportion de son besoin; qu'il ne mange point hors des repas, parce que c'est surcharger l'estomac pendant que la digestion n'est pas finie;

26. Qu'il ne mange rien de haut goût, qui l'excite à manger au delà de son besoin; et qui le dégoûte des aliments les plus convenables à sa santé; qu'enfin on ne lui serve pas trop de choses différentes; car la variété des viandes qui viennent l'une après l'autre, soutient l'appétit après que le vrai besoin de manger est fini.

27. Ce qu'il y a encore de très-important, c'est de laisser affermir les organes, en ne pressant point l'instruction; d'accoutumer doucement l'enfant à être privé des choses pour lesquelles il a témoigné trop d'ardeur, afin qu'il n'espère jamais d'obtenir les choses qu'il désire.

28. Si peu que le naturel des enfants soit bon, on peut les rendre ainsi dociles, patients, fermes, gais et tranquilles: au lieu que, si on néglige ce premier âge, ils deviennent ardents et inquiets pour toute leur vie; leur sang se brûle, les habitudes se forment.

29. Le corps, encore tendre, et l'âme, qui n'a encore aucune pente vers aucun objet, se plient vers le mal; il se fait en eux une espèce de second péché originel, qui est la source de mille désordres, quand ils sont plus grands.

SECONDE PARTIE

FONCTION DES MOTS

La seconde partie de l'analyse grammaticale comprend la fonction que les mots remplissent dans le discours.

Ces fonctions se réduisent à trois principales : les mots sont : *sujets*, *attributs* ou *compléments*.

DU SUJET.

On appelle *sujet* la personne ou la chose qui fait l'action exprimée par le verbe.

Ex. : L'*enfant* court.
La *pluie* tombe.

On trouve le sujet d'un verbe en faisant la question *qui est-ce qui?* pour les personnes, et *qu'est-ce qui?* pour les choses, devant le verbe : *Qui est-ce qui* court? *L'enfant; l'enfant* est le sujet du verbe *court. Qu'est-ce qui* tombe? *La pluie; la pluie* est le sujet du verbe *tombe.*

Le sujet est quelquefois placé après le verbe; néanmoins faites la question, et le mot de la réponse sera le sujet.

Ex. : Ainsi parla *Mentor.*
Là s'élevait *un cèdre* majestueux.

Qui est-ce qui parla ainsi? *Mentor*, voilà le sujet du verbe *parla.* — Qu'est-ce qui s'élevait là? *Un cèdre*, voilà le sujet du verbe *s'élevait.*

Un même sujet, pouvant faire plusieurs actions, peut, par conséquent, avoir plusieurs verbes.

Ex. : La foudre *gronde, éclate et tombe.*

Réciproquement, plusieurs sujets pouvant faire la même action, peuvent n'avoir qu'un seul verbe.

Ex. : Le pigeon, la perdrix et la caille *s'envolèrent.*

Le plus souvent le sujet est un nom, comme dans les exemples précédents.

Ex. : *Dieu* voit tout.
   La *maison* brûle.

Mais le sujet peut être encore :
1° Un pronom.

Ex. : *Je* joue, *tu* écris, *nous* travaillons, *il* dort.
   Chacun est mécontent de son sort.
   On dit rarement du mal de soi.
   L'eau *qui* coule est limpide.

L'eau est sujet de *est*, mais *qui* est sujet de *coule.*
2° Un adjectif employé substantivement.

Ex. : *Le vrai* peut quelquefois n'être pas vraisemblable.
3° Un infinitif employé substantivement.

Ex. : *Mentir* est un péché.

Mentir est sujet de *est;* c'est comme s'il y avait : *le mensonge* est un péché.

REMARQUE. — A l'impératif, pour trouver le sujet, il faut rétablir le pronom sous-entendu : *venez* ici, c'est-à-dire *vous,* venez ici; *vous* est sujet de *venez.* — *Partons,* c'est-à-dire *nous,* partons; *nous* est sujet de *partons.*

Aussi, lorsqu'on adresse la parole à quelqu'un, en prononçant le nom, ce n'est pas le mot mis en apostrophe qui est sujet, c'est le pronom sous-entendu : *Pierre,* accours, c'est-à-dire, *toi,* accours; c'est *toi,* et non *Pierre* qui est sujet de *accours.*

MOTS ACCOMPAGNANT LE SUJET.

Le sujet est rarement employé seul. Il est accompagné de mots qui le modifient suivant le rôle que chacun d'eux joue dans le discours.

Ex. : Dieu *seul* est éternel.
   Les *riches* moissons furent détruites.

Seul, adjectif qualificatif, *qualifie* le sujet *Dieu; riches* qualifie *moissons.*

Souvent un substantif modifie le sujet.

Ex. : Saint Louis, *roi pieux*, fut aimé de ses sujets.

C'est ce qu'on appelle *apposition*.

Premier exercice sur le sujet.

LE DRAGON ET LES DEUX RENARDS.

(L'élève analysera tous les sujets.)

Un *dragon* gardait un trésor dans une profonde caverne ; *il* veillait jour et nuit pour le conserver. Deux *renards* s'insinuèrent auprès de lui par leurs flatteries. *Ils* devinrent ses confidents. Les *gens* les plus complaisants et les plus empressés ne sont pas les plus sûrs. *Ils* le traitaient de grand personnage, admiraient toutes ses fantaisies, étaient toujours de son avis et se moquaient entre eux de leur dupe. Enfin *il* s'endormit un jour au milieu d'eux : *ils* l'étranglèrent et s'emparèrent du trésor. *Ils* voulurent le partager entre eux : *c*'était une affaire bien difficile, car deux *scélérats* ne s'accordent que pour faire le mal. *L'un d'eux* se mit à moraliser : « A quoi, dit-*il*, nous servira cet *argent?* Un *peu* de chasse nous vaudrait mieux : *on* ne mange point de métal, les *pistoles* sont de mauvaise digestion. Les *hommes* sont des fous d'aimer tant ces fausses *richesses* : ne soyons pas aussi insensés qu'eux. » *L'autre* fit semblant d'être touché de ces réflexions, et assura qu'*il* voulait vivre en philosophe, comme Bias, portant tout son bien sur lui.

Modèle d'analyse sur le sujet.

dragon	Nom com. masc. sing. sujet de *gardait*.
il	Pour *dragon*, pron. pers. 3e pers. masc. sing., sujet de *veillait*.
renards	Nom com. masc. plur. sujet de *s'insinuèrent*.
ils	Pour *renards*, pron. pers. 3e pers. masc. plur. sujet de *devinrent*.
gens	Nom com. masc. plur. sujet de *sont*.
ils	Pour *renards*, pron. pers. 3e pers. masc. plur. sujet de *traitaient*, de *admiraient*, de *étaient*, de *se moquaient*.

il	Pour *dragon*, pron. pers. 3ᵉ pers. masc. sing. sujet de *s'endormit*.
ils	Pour *renards*, pron. pers. 3ᵉ pers. masc. plur. sujet de *étranglèrent*, de *s'emparèrent*.
ils	Pour *renards*, pron. pers. 3ᵉ pers. masc. plur. sujet de *voulurent*.
ce	Pour cela, pron. démonstr. masc. sing. sujet de *était*.
scélérats	Nom com. masc. plur. sujet de *s'accordent*.
l'un d'eux	Pron. indéf. masc. sing. sujet de *se mit*.
il	Pour *renard*, pron. pers. 3ᵉ pers. masc. sing. sujet de *dit*.
argent	Nom com. masc. sing. sujet de *servira*.
peu	Pron. indéf. masc. sing. sujet de *vaudrait*.
on	Pron. indéf. masc. sing. sujet de *mange*.
pistoles	Nom com. fém. plur. sujet de *sont*.
hommes	Nom com. masc. plur. sujet de *sont*.
autre	Pour *renard*, pron. indéf. masc. sing. sujet de *fit semblant*.
il	Pour *renard*, pron. pers. 3ᵉ pers. masc. sing. sujet de *voulait*.

Deuxième exercice sur le sujet.

SUITE DU PRÉCÉDENT.

(L'élève analysera tous les sujets.)

Chacun fit semblant de quitter le trésor ; mais ils se dressèrent des embûches et s'entre-déchirèrent. L'un d'eux en mourant dit à l'autre, qui était aussi blessé que lui : « Que voulais-tu faire de cet argent ? — La même chose que tu voulais en faire, » répondit l'autre. Un homme passant apprit leur aventure, et les trouva bien fous. « Vous ne l'êtes pas moins que nous, lui dit un des renards. Vous ne sauriez, non plus que nous, vous nourrir d'argent ; et vous vous tuez pour en avoir. Du moins notre race jusqu'ici a été assez sage pour ne mettre en usage aucune monnaie. L'argent que vous avez introduit chez vous pour la commodité, fait votre malheur. Vous perdez les vrais biens pour chercher les biens imaginaires. »

Troisième exercice sur le sujet.

LE PREMIER VOL DU JEUNE OISEAU.

(L'élève analysera tous les sujets.)

Voyez avec quel soin et quel zèle nouveau
Ses parents à voler forment le jeune oiseau.
C'est aux heures du soir, lorsque dans la nature
Tout est repos, fraîcheur et parfum, et verdure;
L'adolescent, ravi de ce bel horizon,
S'agite dans son nid devenu sa prison;
Il sort, et, balancé sur la branche pliante,
Il hésite, il essaie une aile encor tremblante.
Le couple en voltigeant provoque son essor,
Gourmande sa frayeur, l'appelle, et vole encor :
Enfin il se hasarde, et, déployant ses ailes,
Non sans crainte, il se fie à ses plumes nouvelles.
L'air reçoit ce doux poids : il touche le gazon ;
Ses parents enchantés répètent la leçon.
D'une aile moins novice alors le jeune élève
S'enhardit, prend l'essor, s'abat et se relève ;
Enfin, sûr de sa force et plus audacieux,
Il part ; tout est fini, tous se font leurs adieux.

Quatrième exercice sur le sujet.

PASSAGE DES ALPES PAR FRANÇOIS Ier.

(L'élève analysera les verbes et leurs sujets.)

On part ; un détachement reste et se fait voir sur le
mont Cenis et sur le mont Genèvre, pour inquiéter les
Suisses et leur faire craindre une attaque. Le reste de
l'armée passe à gué la Durance et s'engage dans les montagnes, du côté de Guillestre ; trois mille pionniers la précèdent. Le fer et le feu lui ouvrent une route difficile et
périlleuse à travers les rochers ; on remplit des vides
immenses avec des fascines et de gros arbres ; on bâtit des
ponts de communication ; on traîne, à force d'épaules et
de bras, l'artillerie dans quelques endroits inaccessibles
aux bêtes de somme : les soldats aident les pionniers ; les

officiers aident les soldats; tous indistinctement manient la pioche et la cognée, poussent aux roues, tirent les cordages.

Cinquième exercice sur le sujet.

SUITE DU PRÉCÉDENT.

(L'élève analysera les verbes et leurs sujets.)

On gravit la montagne, on fait des efforts plus qu'humains; on brave la mort, qui semble ouvrir mille tombeaux dans ces vallées profondes que l'Argentière arrose, et où des torrents de glaces et de neiges fondues par le soleil se précipitent avec un fracas épouvantable. On ose à peine les regarder de la cime des rochers, sur lesquels on marche en tremblant par des sentiers étroits, glissants et raboteux, où chaque faux pas entraîne une chute, et d'où l'on voit souvent rouler au fond des abîmes et les hommes et les bêtes avec toute leur charge. Le bruit des torrents, les cris des mourants, les hennissements des chevaux fatigués et effrayés, étaient horriblement répétés par tous les échos des bois et des montagnes, et venaient redoubler la terreur et le tumulte.

Sixième exercice sur le sujet.

LE RETOUR DU PRINTEMPS.

(L'élève analysera les verbes et leurs sujets.)

La première feuille est venue,
O ma mère; la terre nue
De fleurs va bientôt se couvrir.
Entre le narcisse qui penche,
La primevère et la pervenche,
Les petits ruisseaux vont courir.
C'est le printemps qui vient d'éclore :
La ruche va s'emplir encore :
Les blés vont couvrir les sillons.
Au souffle d'une douce haleine,

Toutes les roses de la plaine,
Balanceront des papillons.

Ma mère, courbez cette branche,
Où je crois voir, en robe blanche,
Le joli printemps se poser ;
Baissez, baissez la feuille verte :
La feuille que j'ai découverte,
je veux lui donner un baiser.

Septième exercice sur le sujet.

LE CLAIR DE LUNE.

(L'élève analysera les verbes et leurs sujets.)

Parais, ô lune désirée !
Monte doucement dans les cieux,
Guide la paisible soirée
Sur ton trône silencieux.

Amène la brise légère
Qui, dans l'air, précède tes pas,
Douce haleine, à nos champs si chère,
Qu'aux cités on ne connaît pas.

A travers la cime agitée
Du saule incliné sur les eaux,
Verse ta lueur argentée,
Flottante en mobiles réseaux.

Que ton image réfléchie
Tombe sur le ruisseau brillant,
Et que la vague au loin blanchie
Roule ton disque vacillant.

DE L'ATTRIBUT.

L'attribut est la qualité que l'on juge convenir au sujet, comme quand je dis : Paris est *beau*, je juge que la qualité de *beau* convient à *Paris; beau* est attribut.

Ici l'attribut est séparé du verbe, qui est l'auxiliaire *être*.

Les verbes autres que l'auxiliaire *être* renferment en eux-mêmes l'attribut.

Ex. : L'enfant *prie* (est *priant*).
    Cet homme travaille (est *travaillant*).

DIFFÉRENTES SORTES D'ATTRIBUTS.

Le plus souvent, l'attribut est un adjectif.

Ex. : Paris est *beau*.
    Le ciel est *bleu*.

Mais l'attribut peut être encore :

1º Un substantif.

Ex : Turenne fut un *héros*.

2º Un infinitif pris substantivement.

Ex : Conseiller n'est pas *blâmer*.

3º Un pronom.

Ex. : Je suis *celui* que vous cherchez.

REMARQUE. — Quelques verbes neutres, passifs ou réfléchis, quoique renfermant en eux-mêmes un attribut, peuvent être suivis d'un second attribut qui complète le sens du premier.

Ex. : Il parut *mécontent* (il fut *paraissant mécontent*).
    David fut *nommé roi*.
    Je m'appelle *lion* (je suis m'*appelant lion*).

MOTS ACCOMPAGNANT L'ATTRIBUT.

De même que le sujet, l'attribut peut être accompagné de mots qui le modifient suivant le rôle que chacun d'eux joue dans le discours.

Ex. : Un ami sûr est un *véritable* trésor.

Véritable, adjectif qualificatif, *qualifie* l'attribut *trésor*.

Premier exercice sur l'attribut.

LE COMBAT DU TAUREAU.

(L'élève analysera les attributs.)

Le lieu du combat est un vaste *cirque* environné de nombreux gradins ; c'est là que l'auguste reine, habile dans cet art si doux de gagner les cœurs de son peuple, invite souvent ses guerriers au spectacle le plus chéri des Espagnols. Les jeunes chefs sont *pleins* d'ardeur ; sans cuirasse, vêtus d'un simple habit de soie, armés seulement d'une lance, ils vont sur de rapides coursiers attaquer et vaincre des taureaux sauvages. Les soldats à pied *semblent* (1) plus *légers* encore ; les cheveux enveloppés dans des réseaux, ils tiennent d'une main un voile de pourpre, de l'autre des lances aiguës. — Tous sont *prêts* à combattre. L'*alcade*, qui est le premier *magistrat*, proclame la loi de ne secourir aucun combattant ; la lance sera leur seule *arme* d'attaque, le voile sera leur seul *bouclier*. Les rois, entourés de la cour, président à ces jeux sanglants, et l'armée entière, occupant les immenses amphithéâtres, *paraît transportée* de plaisir et d'ivresse, tant est *grand* son amour pour ces antiques combats.

Modèle d'analyse sur l'attribut.

cirque	Nom com. masc. sing. attribut de *lieu*.
pleins	Adj. qual. masc. plur. attribut de *chefs*.
légers	Adj. qual. masc. plur. 2ᵉ attribut de *soldats*.
prêts	Adj. qual. masc. plur. attribut de *tous*.
magistrat	Nom com. masc. sing. attribut de *alcade*.
arme	Nom com. fém. sing. attribut de *lance*.
bouclier	Nom com. masc. sing. attribut de *voile*.

(1) Nous avons indiqué en caractères italiques les verbes qui ont un deuxième attribut. Ex. : ils semblent plus légers pour : ils sont *semblant* plus *légers*. *Semblant*, premier attribut contenu dans le verbe ; *légers* deuxième attribut.

transportée Part. passé fém. sing. 2ᵉ attribut de *armée*.
grand   Adj. qual. masc. sing. attribut de *amour*.

Deuxième exercice sur l'attribut.

SUITE DU PRÉCÉDENT.

(L'élève cherchera d'abord les attributs, dont il fera l'analyse; puis il analysera tous les adjectifs déterminatifs.)(Voir page 11.)

La barrière s'ouvre, le taureau s'élance au milieu du cirque ; mais, au bruit de mille fanfares, aux cris, à la vue des spectateurs, il *s'arrête*, inquiet, troublé; ses naseaux sont pleins d'écume, ses regards sont brûlants; i*l semble* également surpris et furieux. Tout à coup il se précipite sur un cavalier qui le blesse et fuit rapidement à l'autre bout. Le taureau s'irrite, le poursuit de près, frappe à coups redoublés la terre, et fond sur le voile éclatant que lui présente un combattant à pied. L'Espagnol est adroit. Dans le même instant, il évite à la fois sa rencontre, suspend à ses cornes le voile léger, et lui darde une flèche aiguë. La terre est rouge du sang du taureau. Percé bientôt de toutes les lances, blessé de ces traits pénétrants dont le fer recourbé reste dans la plaie, l'animal bondit dans l'arène ; ses mugissements sont horribles ; il fait voler ensemble les cailloux broyés , les lambeaux de pourpre sanglants, les flots d'écume rougie et *tombe* enfin épuisé d'efforts, de colère et de douleur.

Troisième exercice sur l'attribut.

SAINT VINCENT DE PAUL.

(L'élève analysera d'abord les attributs, puis tous les pronoms.)
(Voir page 16.)

Saint Vincent de Paul fut successivement esclave à Tunis, précepteur du cardinal de Retz, curé de village, aumônier des galères, principal de collége, chef des missions, et adjoint au ministère de la feuille des bénéfices. Il vit un jour un malheureux forçat qui, condamné à trois années de captivité pour avoir fait la contrebande, *paraissait* inconsolable d'avoir laissé dans la plus extrême misère sa femme et ses enfants. Le cœur de Vincent é

Paul était plein de charité. Il offrit au galérien de se mettre à sa place ; le prisonnier accepta. Cet homme vertueux fut enchaîné dans la chiourme des galériens, et ses pieds *restèrent* enflés, pendant le reste de sa vie, du poids de ces fers honorables qu'il avait portés.

Quatrième exercice sur l'attribut.

INÉPUISABLE FÉCONDITÉ DE LA TERRE ET SES CAUSES.

(L'élève analysera d'abord les attributs, puis tous les mots invariables.)
(Voir pages 43 et suiv.)

C'est du sein inépuisable de la terre que sort tout ce qui est précieux. Cette masse informe, vile et grossière, prend toutes les formes les plus diverses, et elle seule donne tour à tour tous les biens que nous lui demandons. Cette boue si sale se transforme en mille beaux objets qui charment les yeux : en une seule année, elle devient branches, boutons, feuilles, fleurs, fruits et semences, pour renouveler ses libéralités en faveur des hommes. Rien ne l'épuise ; plus on déchire ses entrailles, plus elle est libérale. Après tant de siècles, elle ne ressent aucune vieillesse ; ses entrailles sont encore pleines des mêmes trésors. Mille générations ont passé dans son sein : tout vieillit, excepté elle seule ; elle rajeunit chaque année au printemps.

Elle ne manque jamais aux hommes ; mais les hommes insensés se manquent à eux-mêmes, en négligeant de la cultiver ; c'est par leur paresse et par leurs désordres que les ronces et les épines sont vivaces en la place des vendanges et des moissons : ils se disputent un bien qu'ils laissent perdre. Les conquérants sont insensés : ils laissent en friche la terre pour la possession de laquelle ils ont fait périr tant de milliers d'hommes. Les hommes ont devant eux des terres immenses qui sont vides ; ils renversent le genre humain pour un coin de cette terre qu'ils laissent inculte.

DU COMPLÉMENT.

Les mots susceptibles de complément sont le *nom*, l'*adjectif*, le *verbe*.

COMPLÉMENT DU NOM.

Le nom qui en complète un autre est généralement lié à celui-ci par la préposition *de*.

> Ex. : Le livre *de Pierre*, la maison *de Paul*.
>> *De Pierre, de Paul* sont les compléments des mots *livre*, *maison*.

Le complément d'un nom peut être un infinitif pris substantivement.

> Ex. : La façon *de donner* vaut mieux que ce qu'on donne.
>> *De donner* est le complément de *façon*.

Quelquefois le nom, au lieu d'être suivi de la préposition *de*, garde la préposition du verbe d'où il dérive.

> Ex. : L'obéissance *aux lois*, son dévouement *pour moi*.
>> (Parce qu'on dit *obéir à, se dévouer pour*.)
>> *Aux lois* est le complément de *obéissance*; *pour moi* est le complément de *dévouement*.

REMARQUE. — Les adverbes de quantité, *beaucoup, combien, plus, moins, peu*, etc., équivalant à un nom collectif, sont comme tels susceptibles d'avoir un complément : Beaucoup *de soldats*, combien *de fruits*? c'est comme s'il y avait : *une multitude* de soldats, *quelle quantité* de fruits?

Premier exercice.

ÉPAMINONDAS.

(L'élève cherchera les compléments du nom, et en fera l'analyse.)

Zélé disciple de *Pythagore*, Epaminondas *en* imitait la frugalité. Il s'était interdit l'usage du *vin*, et prenait souvent un peu de *miel* pour toute nourriture. Il excellait dans le jeu de la *flûte ;* et dans les repas de *cérémonie* il chantait à son tour en s'accompagnant de la lyre.

Jamais il ne brigua ni ne refusa les charges de l'*Etat*. Plus d'une fois, il servit comme simple soldat, sous des généraux sans expérience, que l'intrigue lui avait fait préférer.

Epaminondas, sans ambition, sans vanité, sans intérêt, éleva en peu d'*années* sa nation au point de *grandeur* où nous avons vu les Thébains. Il opéra ce prodige, d'abord par l'influence de ses *vertus* et de ses *talents*. En même temps qu'il dominait sur les esprits par la supériorité de son *génie* et de ses *lumières*, il disposait à son gré des passions des *autres*, parce qu'il était maître des *siennes*.

Modèle d'analyse sur le complément du nom.

Pythagore	Nom propre d'homme masc. sing. compl. de *dis-ciple*.
en	Pron. pers. pour *de lui*, compl. de *frugalité*.
vin	Nom com. masc. sing. compl. de *usage*.
miel	Nom com. masc. sing. compl. de *un peu*.
flûte	Nom com. fém. sing. comp. de *jeu*.
cérémonie	Nom com. fém. sing. compl. de *repas*.
fois	Nom com. fém. sing. compl. de *plus de*.

(L'élève achèvera l'exercice.)

Deuxième exercice.

SUITE DU PRÉCÉDENT.

(L'élève cherchera les compléments du nom et en fera l'analyse.)

Jamais Epaminondas ne déploya plus de talent qu'à la bataille de Mantinée. Il suivit, dans son ordre de bataille, les principes qui lui avaient procuré la victoire de Leuctres. Une de ses ailes, formée en colonne, tomba sur la phalange macédonienne. Les ennemis effrayés prennent la fuite ; il les poursuit, et se trouve enveloppé par un corps de Spartiates qui font tomber sur lui une grêle de traits. Après des prodiges de valeur, il tombe percé d'un javelot dont le fer lui reste dans la poitrine. L'honneur de l'enlever ranima l'ardeur des combattants ; enfin ses compagnons eurent la triste consolation de l'emporter dans sa tente. La blessure d'Epaminondas arrêta l'effusion du sang, et suspendit la fureur des soldats.

Troisième exercice.

LA PROVIDENCE DE DIEU.

(L'élève analysera d'abord les compléments du nom, puis tous les verbes actifs.)

La Providence a mis, au midi, des arbres toujours verts, et leur a donné un large feuillage pour abriter les animaux de la chaleur (1). Elle y est encore venue au secours des animaux en les couvrant de robes à poils ras, afin de les vêtir à la légère ; et elle a tapissé la terre qu'ils habitent de fougères et de lianes vertes, afin de les tenir fraîchement. Elle n'a pas oublié les besoins des animaux du nord : elle a donné à ceux-ci pour toits des sapins toujours verts, dont les pyramides hautes et touffues écartent les neiges de leurs pieds (2), et dont les branches sont si garnies de longues mousses grises, qu'à peine on en aperçoit le tronc ; pour litières, les mousses mêmes de la terre, qui y ont en plusieurs endroits plus d'un pied d'épaisseur, et les feuilles molles et sèches de beaucoup d'arbres, qui tombent précisément à l'entrée de la mauvaise saison : enfin, pour provisions, les fruits de ces mêmes arbres, qui sont alors en pleine maturité. Elle y ajoute çà et là les grappes rouges des sorbiers, qui, brillant au loin sur la blancheur des neiges, invitent les oiseaux à recourir à ces asiles ; en sorte que les perdrix, les coqs de bruyère, les oiseaux de neige, les lièvres, les écureuils, trouvent souvent, à l'abri du même sapin, de quoi se loger, se nourrir et se tenir fort chaudement.

(1) Remarquez bien que *chaleur* n'est pas le complément de *animaux*, mais de *abriter*.
(2) Même observation. *Pieds* est complément de *écarter*.

COMPLÉMENT DE L'ADJECTIF.

Les adjectifs sont unis à leur complément par diverses prépositions.

Ex. : L'ambition est *avide de* distinction.
L'exercice est *nécessaire à* la santé.
Il se montre *indifférent pour* vous.
On est *aveugle sur* ses défauts, *clairvoyant sur* ceux des autres.

Le complément d'un adjectif peut être un infinitif pris substantivement.

Ex. : Je suis impatient *de partir*.
L'ignorant est toujours prêt *à s'admirer*.

REMARQUE. — Quelques adverbes de manière gardent le complément des adjectifs d'où ils dérivent : contrairement *à la loi*, conformément *à la nature*, parce qu'on dit *contraire à, conforme à.*

Premier exercice.

LES DEUX SOURIS.

(L'élève cherchera les compléments de l'adjectif, et en fera l'analyse.)

Une souris lasse de *vivre* dans les périls et désireuse de *voyager*, appela sa commère, qui était mécontente de son *voisinage* et prête aux *excursions*. Par des paroles pleines de *promesses*, elle la décida à s'éloigner. On part ; elles sont ravies de se voir sur la mer. La navigation fut d'abord heureuse ; mais la mer ne tarda pas à être grosse de *tempêtes* et féconde en *périls ;* néanmoins la traversée s'effectua sans encombre. Nos souris, libres de toute *crainte* et fières de leur *escapade*, arrivent à Surate. Mais elles se montrèrent si insolentes et si pleines de *dédain* avec leurs nouvelles compagnes, que les souris indiennes, furieuses de leur *conduite*, ne purent les souffrir. Au lieu d'être mangées par les chats, nos imprudentes furent étranglées par leurs propres sœurs.

4.

Modèle d'analyse sur le complément de l'adjectif.

vivre	Prés. de l'inf. du verbe *vivre*, compl. de *lasse*.
voyager	Prés. de l'inf. du verbe *voyager*, compl. de *désireuse*.
voisinage	Nom com. masc. sing. compl. de *mecontente*.
excursions	Nom com. fém. plur. compl. de *préte*.
tempétes	Nom com. fém. plur. compl. de *grosse*.
périls	Nom com. masc. plur. compl. de *féconde*.
crainte	Nom com. fém. sing. compl. de *libres*.
escapade	Nom com. fém. sing. compl. de *fières*.
dédain	Nom com. masc. sing. compl. de *pleines*.
conduite	Nom com. fém. sing. compl. de *furieuses*.

Deuxième exercice.

LES INSECTES.

(L'élève analysera les adjectifs et leurs compléments.)

Jetons les yeux sur ce que la nature a créé de plus faible, sur ces atomes animés, pour lesquels une fleur est un monde, et une goutte d'eau un Océan. Notre esprit sera plein d'étonnement. L'or, le saphir, le rubis ont été prodigués à des insectes invisibles à l'œil nu. Les uns marchent fiers de leurs panaches, sonnent la trompette, et semblent prêts à combattre; d'autres portent des turbans brillants de pierreries, leurs robes sont étincelantes d'azur et de pourpre. Ils ont de longues lunettes propres à découvrir leurs ennemis, et des boucliers nécessaires pour se défendre. Il en est qui exhalent un parfum égal au parfum des fleurs. On les voit avec des ailes de gaze, des casques d'argent, des épieux noirs comme le fer, effleurer les ondes, voltiger dans les prairies, s'élancer dans les airs.

Troisième exercice.

LES GAULOIS.

(L'élève analysera les adjectifs et leurs compléments.)

Le caractère commun à toute la race gallique, c'est qu'elle est irritable et folle de guerre, prompte au combat, du reste exempte de méchanceté. Ils sont toujours prêts à combattre, n'eussent-ils d'autre arme que leur force et leur audace. Toutefois sensibles à la persuasion, ils se laissent amener sans peine aux choses utiles; ils sont susceptibles de culture et d'instruction littéraire. Forts de leur haute taille et de leur nombre, ils s'assemblent aisément en grande foule, prêts à soutenir la cause de l'opprimé. Peuple de guerre et de bruit, ils courent le monde, moins avides de richesses que de gloire, désireux surtout de voir, de savoir et d'agir; impatients de produire, s'irritant contre tout obstacle.

Quatrième exercice.

SUITE DU PRÉCÉDENT.

(L'élève analysera les adjectifs et leurs compléments.)

Ce sont les enfants du monde naissant : pleins d'élan, mais dénués de force et d'haleine (1), remplis d'une jovialité féroce et animés par un espoir immense. Ardents au combat, ils étaient heureux d'offrir l'hospitalité à leur ennemi et de lui faire raconter les histoires des terres lointaines. Ces barbares étaient insatiablement avides d'émotions et curieux de connaître. Eux-mêmes parleurs terribles, abondants en figures, s'exprimant dans un langage riche en images solennelles et relevé par une prononciation burlesquement grave.

COMPLÉMENTS DU VERBE.

Le verbe est susceptible de prendre trois sortes de complément : le *complément direct*, le *complément indirect*, et le *complément circonstanciel* (2).

1° DU COMPLÉMENT DIRECT.

Le complément *direct* est le mot sur lequel tombe directement l'action exprimée par le verbe.

(1) Remarquez que *dénués* est un participe et non un adjectif. Même observation pour *remplis, animés, relevé,* qui suivent.
(2) Le *verbe,* seul, a ces trois sortes de complément. On appelle simplement *complément* les compléments du nom et de l'adjectif.

Ex. : J'aime *Dieu*.
> Il mange *un fruit*.

On trouve le complément direct en faisant la question *qui?* pour les personnes, et *quoi?* pour les choses, après le verbe : J'aime *qui? Dieu;* Dieu est le complément direct de *j'aime.* — Il mange *quoi? un fruit; un fruit* est le complément direct de *il mange.*

Quelquefois le complément direct est précédé de la préposition *de.*

Ex. : Votre père a *de la fortune*.
> Nous avons mangé *des fruits*.

Votre père *a quoi? de la fortune;* voilà le complément direct du verbe *a;* nous avons mangé *quoi? des fruits;* voilà le complément direct du verbe *nous avons mangé.*

De la fortune, des fruits sont pris dans un sens partitif.

Le complément direct, au lieu d'être un substantif peut être un infinitif pris substantivement, soit seul, soit précédé des prépositions *à, de.*

Ex. : Nous voulons réussir.
> Il aime à jouer.
> Il cesse de parler.

Réussir, à jouer, de parler sont les compléments directs des verbes *nous voulons, il aime, il cesse.*

Le complément direct au lieu d'être un nom peut être un pronom ; dans ce cas il précède le verbe.

Ex. : Je *te* vois.
> Tu *la* connais.
> Nous *vous* recevons.
> Le livre *que* j'ai lu est intéressant.

Te, la, vous, que sont les compléments directs des verbes *je vois, tu connais, nous recevons, j'ai lu.*

REMARQUES. — Le pronom *qui* interrogatif peut être sujet ou complément direct :

Ex. : Qui est venu?
> Qui cherchez-vous?

Dans le premier cas, il est sujet; dans le second, il est complément direct.

Un seul verbe peut avoir plusieurs compléments directs.

Ex. : Il aime *son Dieu, sa patrie* et *son roi.*

Réciproquement plusieurs verbes peuvent n'avoir qu'un seul complément.

Ex : Walter Scott *instruit, intéresse* et *charme* le lecteur.

Premier exercice.

LES PLANTES ET LEURS USAGES.

(L'élève cherchera les compléments directs, et en fera l'analyse.)

Admirez les *plantes* qui naissent de la terre : elles fournissent des *aliments* aux sains, et des *remèdes* aux malades. Leurs vertus sont innombrables : elles ornent la *terre*, elles donnent de la *verdure*, des *fleurs* odoriférantes et des *fruits* délicieux. Voyez-vous ces vastes *forêts*? Ces arbres s'enfoncent dans la terre par leurs racines, comme leurs branches s'élèvent vers le ciel ; leurs racines *les* défendent contre les vents, et vont chercher tous les *sucs* destinés à nourrir leur *tige* ; la tige elle-même se revêt d'une dure écorce qui met le *bois* à l'abri des injures de l'air; les branches distribuent en divers canaux la *sève que* les racines avaient réunie dans le tronc.

Modèle d'analyse sur le complément direct.

plantes Nom com. fém. plur. compl. dir. de *admirez.*
aliments Nom com. masc. plur. compl. dir. de *fournissent.*
remèdes Nom com. masc. plur. 2e compl. dir. de *fournissent.*
terre Nom com. fém. sing. compl. dir. de *ornent.*
verdure Nom com. fém. sing. compl. dir. de *donnent.*
fleurs Nom com. fém. sing. 2e compl. dir. de *donnent.*
fruits Nom com. masc. plur. 3e compl. dir. de *donnent.*

(L'élève achèvera l'exercice.)

Deuxième exercice.

SUITE DU PRÉCÉDENT.

(L'élève analysera les compléments directs.)

En été, ces rameaux nous protégent contre les rayons du soleil, en hiver, ils nourrissent la flamme qui conserve en nous la chaleur naturelle. Leur bois n'est pas seulement utile pour le feu ; c'est une matière douce, à laquelle la main de l'homme donne sans peine toutes les formes possibles. De plus, les arbres fruitiers, en penchant leurs rameaux vers la terre, semblent offrir leurs fruits à l'homme. Les arbres et les plantes, en laissant tomber leurs fruits ou leurs graines, se préparent autour d'eux une nombreuse postérité. La plus faible plante, le moindre légume, contient, dans une graine, le germe de tout ce qui se déploie dans les plus hautes plantes et dans les plus grands arbres. La terre, qui ne change jamais, fait tous ces changements dans son sein.

Troisième exercice.

LES ABEILLES.

(L'élève analysera les compléments directs, ainsi que les verbes dont ils dépendent.)

Un jeune prince, au retour des zéphirs, lorsque toute la nature se ranime, se promenait dans un jardin délicieux ; il entendit un grand bruit, et aperçut une ruche d'Abeilles. Il s'approcha de ce spectacle, qui était nouveau pour lui : il vit avec étonnement l'ordre, le soin et le travail de cette petite république. Une partie des Abeilles remplissaient les cellules de leur doux nectar ; les autres apportaient des fleurs qu'elles avaient choisies entre toutes les richesses du printemps. Les plus considérables conduisaient les autres. Pendant que le jeune prince admirait cet objet qu'il ne connaissait pas encore, une Abeille que toutes les autres reconnaissaient pour leur reine, s'approcha de lui et lui dit :

Quatrième exercice.

SUITE DU PRÉCÉDENT.

(L'élève analysera les compléments directs ainsi que les verbes dont ils dépendent.)

La vue de nos ouvrages et de notre conduite vous réjouit, mais elle doit encore plus vous instruire. Nous ne souffrons point chez nous le désordre ni la licence ; on n'est considérable parmi nous que par son travail et par les talents qui peuvent être utiles à notre république. Le mérite est la seule voie qui élève aux premières places. Nous ne nous occupons nuit et jour qu'à des choses dont les hommes retirent toute l'utilité. Puissiez-vous être un jour comme nous, et mettre dans le genre humain l'ordre que vous admirez chez nous! Vous travaillerez par là à son bonheur et au vôtre; vous remplirez la tâche que le destin vous a imposée : car vous ne serez au-dessus des autres que pour les protéger, que pour écarter les maux qui les menacent, que pour leur procurer tous les biens qu'ils ont droit d'attendre d'un gouvernement vigilant et paternel.

2° DU COMPLÉMENT INDIRECT.

Le complément *indirect* est le mot qui complète indirectement, c'est-à-dire à l'aide d'une préposition, l'action exprimée par le verbe.

Ex. : J'ai donné un livre à *Pierre*.
Nous parlons *de vous*.

On trouve le complément indirect en faisant l'une des questions *à qui? de qui? pour qui? par qui?* etc., pour les personnes ; *à quoi? de quoi? pour quoi? par quoi?* etc., pour les choses. J'ai donné un livre *à qui? à Pierre;* nous parlons *de qui? de Pierre.*

A Pierre, de vous, sont les compléments indirects des verbes *j'ai donné, nous parlons.*

Le complément indirect sert à indiquer, soit le terme où aboutit une action, soit le point d'où elle part.

Ex. : Tu as envoyé un présent *à ton ami.*
J'ai reçu une lettre *de mon père.*

A ton ami, est le terme où aboutit *le présent; de mon père,* est le point d'où part *la lettre.*

REMARQUES. — I. Les pronoms *me, moi, te, toi, se, nous, vous,* sont compléments indirects quand ils sont mis pour *à moi, à toi, à soi, à nous, à vous :* il *me* parle, c'est-à-dire, il parle *à moi;* il *te* répond, c'est-à-dire, il répond *à toi;* tu *nous* écris, c'est-à-dire, tu écris *à nous,* etc.

II. Les pronoms *lui, leur* (joints à un verbe), *dont, de qui, de quoi, duquel, à quoi, à qui, auquel, y, en*, sont toujours compléments indirects : je *leur* enverrai (j'enverrai *à eux*); j'ai vu la personne *dont* je vous ai parlé (*de laquelle* je vous ai parlé); donnez-moi du papier, j'*en* manque (je manque *de cela*).

III. Certains verbes neutres ont pour complément indirect un infinitif employé sans préposition, comme dans venez *travailler;* il alla *jouer;* c'est-à-dire venez *pour travailler,* il alla *pour jouer.*

Premier exercice.

PRISE DE JÉRUSALEM.

(L'élève analysera les compléments indirects.)

Vespasien chargea son fils Titus de la *continuation* de la guerre contre les Juifs. Trois factions *se* faisaient une guerre acharnée, le sang coulait jusque dans le temple; les sacrificateurs étaient immolés avec ceux qui offraient les victimes; la plus horrible famine sévissait contre les malheureux *habitants.* Titus s'attendrit sur le *sort* des Juifs, et *leur* envoya Josèphe pour les engager à se *rendre* et à *sauver* ainsi leur peuple, leur temple, leur culte, leur capitale et leurs lois. On ne *lui* répondit que par des cris de fureur et par des menaces. Les chrétiens, avertis par les prédictions du Sauveur de la *destruction* de Jérusalem, avaient tous quitté cette ville avant le siège.

Modèle d'analyse sur le complément indirect.

continuation	Nom com. fém. sing. compl. indir. de *chargea.*
se	Pour *à elles.* Pron. pers. fém. plur. compl. indir. de *faisaient.*
habitants	Nom com. masc. plur. compl. indir. de *sévissait.*
sort	Nom com. masc. sing. compl. indir. de *s'attendrit.*
leur	Pour *à eux.* Pron. pers. masc. plur. compl. indir. de *envoyer.*
se rendre	Pour *rendre soi.* Inf. prés. du verbe pron. *se rendre* compl. indir. de *engager.*
sauver	Inf. prés. du verbe actif *sauver,* 1re conjug. 2e compl. indirect. de *engager.*

lui   Pour *à lui*. Pron. pers. masc. sing. compl. indir.
            de *répondit*.

destruction Nom com. fém. sing. compl. indir. de *avertis*.

Deuxième exercice.

LETTRE DE RACINE A SON FILS MALADE.

(L'élève fera l'analyse des compléments indirects.)

Vous pouvez juger par toutes les inquiétudes que m'a causées votre maladie, combien je me réjouis de votre guérison. Vous avez beaucoup de grâces à rendre à Dieu, de ce qu'il a permis qu'il ne vous soit arrivé aucun fâcheux accident. Je loue extrêmement la reconnaissance que vous témoignez pour tous les soins que votre mère a pris de vous. J'espère que vous ne les oublierez jamais, et que vous vous acquitterez de toutes les obligations que vous lui avez, par beaucoup de soumission à tout ce qu'elle désirera de vous. Votre lettre m'a fait beaucoup de plaisir; elle est fort sagement écrite, et c'est la meilleure et la plus agréable marque que vous me puissiez donner de votre guérison. Mais ne vous pressez pas encore de retourner à l'étude; je vous conseille de ne lire que des choses qui vous fassent plaisir sans vous donner trop de peine, jusqu'à ce que le médecin qui vous a traité vous donne permission de recommencer votre travail.

Troisième exercice.

LES PROGRÈS DU GENRE HUMAIN PAR LE TRAVAIL.

(L'élève analysera les compléments indirects ainsi que les verbes dont ils dépendent.)

Dieu a destiné l'homme à travailler, à travailler rudement, d'un soleil à un autre soleil, à arroser la terre de ses sueurs. *Nu sur la terre nue*, tel est l'état dans lequel il l'a jeté sur la terre, dit un ancien. C'est à force de travail que l'homme pourvoit à tout ce qui lui manque. Il faut qu'il se vête, en arrachant au tigre ou au lion la peau qui les recouvre pour en couvrir sa nudité; puis les arts se développant, il faut qu'il file la toison de ses moutons, qu'il en rapproche les fils par le tissage, pour en faire une toile continue qui lui serve de vêtement. Cela ne lui suffit pas : il faut qu'il se dérobe aux variations de l'atmosphère, qu'il se construise une demeure où il échappe à l'inégalité des saisons, aux torrents de la pluie, aux ardeurs du soleil, aux rigueurs de la gelée.

Quatrième exercice.

SUITE DU PRÉCÉDENT.

(L'élève analysera les compléments indirects ainsi que les verbes dont ils dépendent.)

Après avoir vaqué à ces soins, il faut qu'il se nourrisse, qu'il se nourrisse tous les jours, plusieurs fois par jour, et tandis que l'animal privé de raison, mais couvert d'un plumage ou d'une fourrure qui le protége, trouve, s'il est oiseau, des fruits mûrs suspendus aux arbres ; s'il est quadrupède herbivore, une table toute servie dans la prairie ; s'il est carnassier, un gibier tout préparé dans ces animaux qui pâturent; l'homme est obligé de se procurer des aliments en les faisant naître, ou en les disputant à des animaux plus rapides ou plus forts que lui. Cet oiseau, ce chevreuil dont il pourrait se nourrir, ont des ailes ou des pieds agiles. Il faut qu'il prenne une branche d'arbre, qu'il la courbe, qu'il en fasse un arc, que sur cet arc il pose un trait, et qu'il abatte cet animal pour s'en emparer, puis enfin, qu'il le présente au feu, car son estomac répugne à la vue du sang et des chairs palpitantes.

3° DU COMPLÉMENT CIRCONSTANCIEL.

Le complément *circonstanciel* est le mot qui exprime les diverses circonstances qui accompagnent une action.

Les circonstances exprimées par le complément circonstanciel sont : la *cause*, la *manière*, le *temps*, le *lieu*.

Il répond aux quatre questions *pourquoi? comment? quand? où?*

Exemples de compléments circonstanciels de cause :
    Il mourut *de faim*.
    Il le fait *par jalousie*.

Exemples de compléments circonstanciels de manière. A la *manière*, se rattachent les noms d'instrument et de moyen, les noms de la partie, du prix et de la valeur, de la distance.

> Vous l'emportez *en beauté, en grandeur.*
> Je vous expliquerai la chose *en peu de mots.*
> Le sage se révèle *par ses actions.*
> Vous avez agi *avec prudence.*
> Il frappa le chevalier *de son glaive.*
> Il a obtenu cette grâce *par ruse.*
> Je l'ai pris *par la main.*
> Ce livre coûte *vingt sous.*
> J'ai vendu mon cheval *mille francs.*
> Paris est *à trente lieues* d'Orléans.

Exemples de compléments circonstanciels de temps.

> Il viendra *dimanche, à trois heures.*
> Le ciel était beau *le matin.*
> Il se promène *tous les trois jours.*
> Il était parti *cinq ans auparavant.*
> Il revint *au bout de trois jours.*
> Il resta *deux heures entières* auprès du roi.
> Il fut heureux *durant toute sa vie.*

Exemples de compléments circonstanciels de lieu.

> Vous n'êtes plus *à votre place.*
> Il est étendu *à terre.*
> Il se lève *de terre.*
> Quand irez-vous *à la campagne?*
> Nous allions *à travers les bois et les champs* (1).

Premier exercice.

LE DÉPART DES HIRONDELLES.

(L'élève analysera les compléments circonstantiels.)

Le ciel était beau le *matin*, mais avec un *vent* qui soufflait de la *Vendée.* Peu à peu le ciel se voila de *nuages*,

---

(1) Nous donnons à dessein ces nombreux exemples. — On pourra ne demander à l'élève que la désignation générale de *complément circonstantiel*, sans entrer dans le détail. — Nous convenons que dans certains cas la nuance entre le complément indirect et le complément circonstanciel est assez délicate et difficile à saisir, toutefois ces distinctions permettent souvent d'expliquer certaines tournures qui, sans cela, échapperaient à l'analyse.

le vent tomba, tout devint morne. C'est alors, vers quatre *heures*, qu'en même *temps*, de tous les *points*, d'infinies légions vinrent se condenser sur l'*église*, avec mille *voix*, mille *cris*, des *débats*, des *discussions*. Sans savoir cette langue, nous devinions très-bien qu'on n'était pas d'accord. Peut-être les jeunes, retenus par ce *souffle* tiède d'automne, auraient voulu rester encore. Mais les sages, les expérimentés, les voyageurs éprouvés insistaient pour le départ. Ils prévalurent ; la masse noire, s'ébranlant à la fois, s'envola vers le *sud-est*, probablement vers l'*Italie*. Ils n'étaient pas à trois cents *lieues* que toutes les cataractes du ciel s'ouvrirent pour abîmer la terre ; nous crûmes un moment au déluge. Retirés dans notre *maison* qui tremblait aux *vents* furieux, nous admirions la sagesse des devins ailés qui avaient si prudemment devancé l'époque annuelle.

Modèle d'analyse sur les compléments circonstanciels.

matin	Compl. circonst. de temps.
vent	Compl. circonst. de manière.
Vendée	Compl. circonst. de lieu.
nuages	Compl. circonst. de manière.
heures	Compl. circonst. de temps.
temps	Compl. circonst. de temps.
points	Compl. circonst. de lieu.
église	Compl. circonst. de lieu.
voix	Compl. circonst. de manière.
souffle	Compl. circonst. de cause.
sud-est	Compl. circonst. de lieu.
Italie	Compl. circonst. de lieu.
lieues	Compl. circonst. de lieu.
maison	Compl. circonst. de lieu.
vents	Compl. circonst. de cause.

Deuxième exercice.

LES ANIMAUX DOMESTIQUES.

(L'élève analysera les compléments circonstanciels.)

Certains animaux paraissent faits pour l'homme. Le chien est né pour le caresser, pour être dressé comme il lui plaît, pour lui donner une image agréable de société, d'amitié, de fidélité et de tendresse, pour garder tout ce qu'on lui confie, pour prendre à la course beaucoup d'autres bêtes avec ardeur, et pour les laisser ensuite à l'homme, sans en rien retenir. Le cheval et les autres animaux semblables se trouvent sous la main de l'homme, pour le soulager dans son travail, et pour se charger de mille fardeaux. Ils sont nés pour porter, pour marcher, pour soulager l'homme dans sa faiblesse, et pour obéir à tous ses mouvements. Les bœufs ont la force et la patience en partage, pour traîner la charrue et pour labourer. Les vaches donnent des ruisseaux de lait. Les moutons ont, dans leur toison, un superflu qui n'est pas pour eux, et qui se renouvelle pour inviter l'homme à les tondre toutes les années. Les chèvres mêmes fournissent un crin long, qui leur est inutile, et dont l'homme fait des étoffes pour se couvrir. Les peaux des animaux fournissent à l'homme les plus belles fourrures, dans les pays les plus éloignés du soleil. Ainsi l'auteur de la nature a vêtu ces bêtes selon leur besoin ; et leurs dépouilles servent encore ensuite d'habits aux hommes, pour les réchauffer dans ces climats glacés.

Troisième exercice.

LA POMME DE TERRE.

(L'élève analysera les compléments circonstanciels.)

M. Parmentier qui avait appris à connaître la pomme de terre dans les prisons d'Allemagne, où il n'avait eu souvent que cette nourriture, seconda les vues du ministre par un examen chimique de cette racine, où il montrait qu'aucun de ses principes n'est nuisible. Il fit mieux encore : pour apprendre au peuple à y prendre goût, il en cultiva en plein champ, dans des lieux très-fréquentés, les faisant garder avec appareil pendant le jour seulement, heureux quand il apprenait qu'il avait excité ainsi à ce qu'on lui en volât quelques-unes pendant la nuit. Il aurait voulu que le roi, comme on le rapporte

des empereurs de Chine, eût tracé le premier sillon de
son champ : il en obtint du moins de porter, en pleine
cour, dans un jour de fête solennelle, un bouquet de fleurs
de pommes de terre à la boutonnière, et il n'en fallut pas
davantage pour engager plusieurs grands seigneurs à en
faire planter. Il assurait avoir donné un jour un dîner
entièrement composé de pommes de terre, à vingt
sauces différentes, où l'appétit se soutint à tous les ser
vices.

Quatrième exercice.

PIÉTÉ FILIALE CHEZ UN VIEILLARD.

(L'élève analysera les compléments circonstanciels.)

Le jardinier Lenôtre, qui a planté les jardins de Ver-
sailles et des Tuileries, n'est pas devenu moins célèbre
que les architectes qui ont élevé ces palais. Sa réputation
s'était étendue non-seulement en France, mais dans l'Europe entière. De toutes parts on s'adressait à lui pour en
obtenir des plans et des dessins de jardins et de parcs
destinés à embellir les résidences royales et les châteaux
des grands seigneurs. Lenôtre n'en conservait pas moins
la simplicité de manières et la naïveté de sentiments
qu'il devait à sa profession et aux exemples de son excellent père, dont il garda jusqu'à la fin le plus pieux et le
plus tendre souvenir.

Trois mois avant la mort de Lenôtre, le roi, qui aimait
à le voir et à le faire causer, le mena dans ses jardins, et,
à cause de son grand âge (il avait 88 ans) le fit mettre
dans une chaise que des porteurs roulaient à côté de la
sienne, et Lenôtre disait là : « Ah! mon pauvre père, si
tu vivais et que tu pusses voir un pauvre jardinier comme
moi, ton fils, se promener en chaise à côté du plus grand
roi du monde, rien ne manquerait à ma joie. »

RÉCAPITULATION GÉNÉRALE.

(CLASSIFICATION ET FONCTION DES MOTS.)

Premier exercice.

LES CATACOMBES.

(L'élève fera l'analyse complète des exercices suivants.)

1. Un jour, j'étais allé visiter la fontaine Egérie ; la nuit me surprit. Pour regagner la voie Appienne, je me dirigeai vers le tombeau de Cécilia Métella, chef-d'œuvre de grandeur et d'élégance.

2. En traversant des champs abandonnés, j'aperçus plusieurs personnes qui se glissaient dans l'ombre, et qui toutes, s'arrêtant au même endroit, disparaissaient subitement.

3. Poussé par la curiosité, je m'avance, et j'entre hardiment dans la caverne où s'étaient plongés les mystérieux fantômes. Je vis s'allonger devant moi des galeries souterraines, qu'à peine éclairaient, de loin à loin, quelques lampes suspendues.

4. Les murs des corridors funèbres étaient bordés d'un triple rang de cercueils placés les uns au-dessus des autres.

5. La lumière lugubre des lampes, rampant sur les parois des voûtes, et se mouvant avec lenteur le long des sépulcres, répandait une mobilité effrayante sur ces objets éternellement immobiles.

6. En vain, prêtant une oreille attentive, je cherche à saisir quelques sons pour me diriger à travers un abîme de silence ; je n'entends que le battement de mon cœur dans le repos absolu de ces lieux.

Modèle d'analyse complète.

un	Adj. indéf. masc. sing. déterm. *jour.*
jour	Nom com. masc. sing. compl. circonst. de *aller visiter.*

j'	Mis pour *je*. Pron. pers. 1ʳᵉ pers. du masc. sing. sujet de *étais allé*.
étais allé	1ʳᵉ pers. sing. plus-que-parf. de l'ind. du verbe neutre *aller*, 1ʳᵉ conjug.
visiter	Prés. de l'inf. du verbe actif *visiter*, 1ʳᵉ conj.
la	Art. simpl. fém. sing. déterm. *fontaine*.
fontaine	Nom com. fém. sing. compl. dir. de *visiter*.
Egérie	Nom propre de fontaine, fém. sing.
la	Art. simp. fém. sing. déterm. *nuit*.
nuit	Nom com. fém. sing. sujet de *surprit*.
me	Pour *moi*. Pron. pers. 1ʳᵉ pers. du masc. sing. compl. direct de *surprit*.
surprit	3ᵉ pers. du sing. du parf. de l'ind. du verbe actif *surprendre*, 4ᵉ conj.
pour	Prép. mot invariable.
regagner	Prép. de l'inf. du verbe actif *regagner*, 1ʳᵉ conj.
la	Art. simp. fém. sing. déterm. *voie*.
voie	Nom com. fém. sing. compl. dir. de *regagner*.
Appienne	Adj. employé comme nom propre de route.
je me dirigeai	Pour *je dirigeai moi*.
je	Pron. pers. 1ʳᵉ pers. du sing. sujet de *dirigeai*.
dirigeai	1ʳᵉ pers. du sing. du parf. déf. du verbe actif *diriger*, 1ʳᵉ conj.
moi	Pron. pers. 1ʳᵉ pers. du s. comp. dir. de *dirigeai*.
vers	Prép. mot invariable.
le	Art. simple masc. sing. déterm. *tombeau*.
tombeau	Nom com. masc. sing. compl. circonst. de lieu de *je me dirigeai*.
de	Prép. mot invariable.
Cécilia Métella	Nom propre de femme, compl. de *tombeau*.
chef-d'œuvre	Nom composé, masc. sing. en apposition avec *tombeau*.
de	Prép. mot invariable.
grandeur	Nom com. fém. sing. compl. de *chef-d'œuvre*.
et	Conj. mot invariable.
d'	Mis pour *de*. Prép. mot invariable.
élégance	Nom. com. fém. sing. 2ᵉ compl. de *chef-d'œuvre*.

Deuxième exercice de récapitulation.

LES NIDS DES OISEAUX.

7. Une admirable providence se fait remarquer dans les nids des oiseaux. On ne peut contempler, sans être atten-

dri, cette bonté divine qui donne l'industrie au faible et l'imprévoyance à l'insouciant.

8. Aussitôt que les arbres ont développé leurs fleurs, mille ouvriers commencent leurs travaux. Ceux-ci portent de longues pailles dans le trou d'un vieux mur, ceux-là maçonnent des bâtiments aux fenêtres d'une église.

9. D'autres dérobent un crin à une cavale, ou le brin de laine que la brebis a laissé suspendu à la ronce. Il y a des bûcherons qui croisent des branches dans la cime d'un arbre ; il y a des filandières qui recueillent la soie sur un chardon.

10. Mille palais s'élèvent, et chaque palais est un nid ; chaque nid voit des métamorphoses charmantes, un œuf brillant, ensuite un petit couvert de duvet.

11. Ce nourrisson prend des plumes ; sa mère lui apprend à se soulever sur sa couche. Bientôt il va se pencher sur le bord de son berceau, d'où il jette un premier coup d'œil sur la nature.

Troisième exercice de récapitulation.

SUITE DU PRÉCÉDENT.

12. Effrayé et ravi, il se précipite parmi ses frères qui n'ont point encore vu ce spectacle ; rappelé par la voix de ses parents, il sort une seconde fois de sa couche, et ce jeune roi des airs, qui porte encore la couronne de l'enfance autour de sa tête, ose déjà contempler le vaste ciel, la cime ondoyante des pins, et les abîmes de verdure au-dessous du chêne paternel.

13. Et pourtant, tandis que les forêts se réjouissent en recevant leur nouvel hôte, un vieil oiseau qui se sent abandonné de ses ailes, vient s'abattre auprès d'un courant d'eau.

14. Là, résigné et solitaire, il attend tranquillement la mort au bord du même fleuve où il chanta ses plaisirs, et dont les arbres portent encore son nid et sa postérité harmonieuse.

ANALYSE GRAM. 5

Quatrième exercice de récapitulation.

DÉPART DE LA PREMIÈRE CROISADE.

15. Dès que le printemps parut, rien ne put contenir l'impatience des croisés; ils se mirent en marche pour se rendre dans les lieux où ils devaient se rassembler.

16. Le plus grand nombre allait à pied; quelques cavaliers paraissaient au milieu de la multitude : plusieurs voyageaient montés sur des chars traînés par des bœufs ferrés; d'autres côtoyaient la mer, descendaient les fleuves dans des barques.

17. Ils étaient vêtus diversement, armés de lances, d'épées, de javelots, de massues de fer, et la foule des croisés offrait un mélange bizarre de toutes les conditions et de tous les rangs; des femmes paraissaient en armes au milieu des guerriers.

18. On voyait la vieillesse à côté de l'enfance, l'opulence près de la misère; le casque était confondu avec le froc, la mitre avec l'épée, le seigneur avec les serfs, le maître avec ses serviteurs.

Cinquième exercice de récapitulation.

SUITE DU PRÉCÉDENT.

19. Près des villes, près des forteresses, dans les plaines, sur les montagnes, s'élevaient des tentes, des pavillons pour les chevaliers, et des autels dressés à la hâte pour l'office divin; partout se déployait un appareil de guerre et de fêtes solennelles.

20. D'un côté, un chef militaire exerçait ses soldats à la discipline; de l'autre, un prédicateur rappelait à ses auditeurs les vérités de l'Évangile; on entendait le bruit des clairons et des trompettes : plus loin on chantait des psaumes et des cantiques

ANALYSE LOGIQUE

L'*analyse logique* est la décomposition d'une proposition en ses parties constitutives, et des phrases en propositions.

De là deux parties dans l'analyse logique :

1º L'analyse des mots de la proposition, comme sujet et attribut, ou comme dépendant du sujet et de l'attribut ;

2º La désignation des propositions qui composent la phrase, et de leurs rapports entre elles.

PREMIÈRE PARTIE

DE LA PROPOSITION

Une *proposition* est l'énonciation d'un jugement.

La proposition renferme essentiellement trois termes : *sujet, verbe, attribut.*

Ex. : Dieu est bon.

Sujet, *Dieu ;* verbe, *est ;* attribut, *bon.*

Le *sujet* est la personne ou la chose qui est l'objet du jugement, *Dieu* (1).

L'*attribut* est la qualité que l'on juge convenir au sujet, *bon* (2).

Le *verbe* est le mot par lequel on affirme que l'attribut convient au sujet.

Le verbe et l'attribut ne forment souvent qu'un seul mot :

Ex. : Paul joue.

      C'est-à-dire, Paul *est jouant.*

(1) Pour les différentes sortes de sujets, voir page 68.
(2) Pour les différentes sortes d'attributs, voir page 74.

Un seul mot peut même représenter les trois termes de la proposition.

Ex. : *Courons.*

C'est-à-dire, *soyons courant* (1).

Premier modèle d'analyse.

L'homme est mortel. — La fortune est inconstante. — Le cheval court. — Le taureau mugit. — Travaille. — Fuyez.

L'homme, sujet. — *Est,* verbe. — *Mortel,* attribut.
La fortune, sujet. — *Est,* verbe. — *Inconstante,* attribut.
Le cheval, sujet. — *Court,* pour *est courant.* — *Est,* verbe. — *Courant,* attribut.
Le taureau, sujet. — *Mugit,* pour *est mugissant.* — *Est,* verbe. — *Mugissant,* attribut.
Travaille, pour *toi sois travaillant.* — *Toi,* sujet. — *Sois,* verbe. — *Travaillant,* attribut.
Fuyez, pour *vous soyez fuyant.* — *Vous,* sujet. — *Soyez,* verbe. — *Fuyant,* attribut.

Deuxième modèle.

Les castors commencent par s'assembler au mois de juin ou de juillet; *ils arrivent* en nombre et de plusieurs côtés, et *forment* bientôt une troupe de deux ou trois cents : *le lieu* du rendez-vous *est* ordinairement *le lieu* de l'établissement.

Les castors commencent, pour *les castors sont commençant.* — *Les castors,* sujet. — *Sont,* verbe. — *Commençant,* attribut.
Ils arrivent, pour *ils sont arrivant.* — *Ils,* sujet. — *Sont,* verbe. — *Arrivant,* attribut.
Forment, pour *ils sont formant.* — *Ils,* sujet. — *Sont,* verbe. — *Formant,* attribut.
Le lieu... est... le lieu. — *Le lieu,* sujet. — *Est,* verbe. — *Le lieu,* attribut.

(1) On voit que le verbe *être,* seul, est considéré comme verbe en analyse logique. — Tous les autres verbes peuvent se décomposer, et donnent à l'analyse ce même verbe *être* et un attribut.

Troisième modèle.

Dieu puissant, *m'écriai-je*, de quel malheur *sommes-nous menacés?*

M'écriai-je, pour *je fus m'écriant* (1). — *Je*, sujet. — *Fus*, verbe. — *M'écriant*, attribut.

Sommes-nous menacés, pour *nous sommes menacés*. — *Nous*, sujet. — *Sommes*, verbe. — *Menacés*, attribut.

Quatrième modèle.

Les fables *se lisent* avec plaisir.
Ce mot *se trouve* dans Corneille.

Les fables se lisent, pour *les fables sont lues*. — *Les fables*, sujet. — *Sont*, verbe. — *Lues*, attribut.

Ce mot se trouve, pour *ce mot est trouvé*. — *Ce mot*, sujet. — *Est*, verbe. — *Trouvé*, attribut (2).

Cinquième modèle.

Sa voix formidable *semble sortir* des gouffres de Neptune.

Semble sortir, pour *est semblant sortant*. — *Sa voix*, sujet. — *Est*, verbe. — *Semblant*, attribut. — *Sortant*, deuxième attribut (3).

Premier exercice.

(L'élève analysera chacune des propositions d'après les modèles qui précèdent.)

Le ciel est pur. — Les blés sont fauchés. — Une bonne éducation est précieuse. — Le bœuf est très-utile. — La Suisse est couverte de montagnes. — Le liége est léger. — Hercule était un demi-dieu. — Abraham est un des patriarches. — La terre est ronde. — Moïse est le légis-

---

(1) *M'* et *écriant* ne sauraient être séparés, parce que le verbe *s'écrier* est un verbe *essentiellement* réfléchi, comme *se repentir*, *s'emparer*; on ne peut par conséquent dire *écrier*, *repentir*, *emparer*.

(2) Les verbes réfléchis se tournent par le passif, lorsque le sujet ne peut faire sur lui-même l'action exprimée par le verbe. Dans cette phrase, *les fables se lisent*, les fables ne se lisent pas elles-mêmes, elles *sont lues*. — *Ce mot se trouve*... le mot ne se trouve pas lui-même, il *est trouvé*.

(3) Sur ce deuxième attribut, voyez page 74, remarque, et page 75, note.

lateur du peuple juif. — Londres est la capitale de l'Angleterre. — L'habitude est une seconde nature. — La tempête gronde. — Les arbres fleurissent. — Le blé mûrit. — La pluie tombe. — Les champs sont inondés. — Le tonnerre éclate. — Les éclairs luisent. — Les enfants pleurent.—Je suis le génie des tempêtes; vous avez troublé mon repos; la mort sera le moindre de vos maux. — De ces vastes mers, je suis l'éternel gardien. — Avec lui s'évanouit la nuée livide. — Monsieur est militaire? — Nous sommes arrivés à bon port.

Deuxième exercice.

PASSAGE DU NIÉMEN PAR NAPOLÉON.

(L'élève décomposera chacune des propositions en sujet, verbe et attribut, d'après les modèles qui précèdent.—On a souligné les verbes à décomposer)

Le 23 juin, avant le jour, la colonne impériale *atteignit* le Niémen, mais sans le voir. La lisière d'une grande forêt prussienne et les collines qui *bordent* le fleuve *cachaient* (1) la grande armée, prête à le franchir.

Napoléon, qu'une voiture *avait transporté* jusque-là, *monte* à cheval à deux heures du matin. Il *reconnut* le fleuve russe sans se déguiser, comme on *l'a dit* faussement mais en se couvrant de la nuit pour franchir cette frontière que cinq mois après il ne *put* repasser qu'à la faveur d'une même obscurité. Comme il *paraissait* sur cette rive, son cheval *s'abattit* tout à coup et le *précipita* sur le bord du fleuve. Une voix *s'écria* : « Ceci est un mauvais présage; un Romain *reculerait*. » On *ignore* si ce fut lui ou quelqu'un de sa suite qui *prononça* ces mots.

La reconnaissance étant faite, il *ordonna* qu'à la chute du jour suivant trois ponts *fussent jetés* sur le fleuve, près du village de Poniémen; puis il *se retira* dans son quartier, où il *passa* toute cette journée, tantôt dans sa tente, tantôt dans une maison polonaise, étendu sans force dans

(1) Remarquez que *les collines* est sujet de *cachaient* : *qui*, sujet de *bordent*.

un air immobile, au milieu d'une chaleur lourde, et cherchant en vain le repos.

Troisième exercice.

(Suite.)

A trois cents pas du fleuve, sur la hauteur la plus élevée, on *apercevait* la tente de l'empereur. Autour d'elle toutes les collines, leurs pentes, les vallées, *étaient couvertes* d'hommes et de chevaux. Dès que la terre *eut présenté* au soleil toutes ces masses mobiles revêtue d'armes étincelantes, le signal *fut donné*, et aussitôt cette multitude *commença* à s'écouler en trois colonnes vers les trois ponts. On les *voyait* serpenter en descendant la courte plaine qui les *séparait* du Niémen, s'en approcher, gagner les trois passages, s'allonger et se rétrécir pour les traverser et atteindre enfin ce sol étranger qu'elles allaient dévaster, et qu'elles devaient bientôt couvrir de leurs vastes débris. L'ardeur *était si grande*, que deux divisions d'avant-garde, se disputant l'honneur de passer les premières, furent près d'en venir aux mains ; on *eut* quelque peine à les calmer. Napoléon *se hâta* de poser le pied sur les terres russes. Il *fit* sans hésiter ce premier pas vers sa perte. Il *se tint* d'abord près du pont, encourageant les soldats de ses regards. Tous le *saluèrent* de leur cri accoutumé. Ils parurent plus animés que lui, soit qu'il *se sentît* peser sur le cœur une si grande agression, soit que son corps affaibli ne *pût* supporter le poids d'une chaleur excessive, ou que déjà *il fût étonné* de ne rien trouver à vaincre.

DIFFÉRENTES FORMES DU SUJET ET DE L'ATTRIBUT LOGIQUES.

Sujet logique. — Complément logique du sujet.

§ 3. — Logiquement parlant, le sujet est *simple* ou *multiple*.

I. Le sujet est *simple*, quand il ne renferme qu'un seul objet, soit au singulier, soit au pluriel.

Ex. : *Dieu* est éternel.

Les *hommes* sont mortels.

II. Le sujet est *multiple*, quand il comprend plusieurs objets distincts, auxquels convient séparément le même attribut.

Ex. : Le *bœuf* et le *cheval* sont utiles.

Il y a deux objets distincts : *bœuf, cheval;* et l'attribut *utiles* peut s'appliquer à chacun des deux sujets. Je puis dire : Le bœuf est *utile*, le cheval est *utile*.

§ 4. — Le sujet est *incomplexe* ou *complexe*.

I. Le sujet est *incomplexe*, quand il est exprimé en un seul mot, et qu'il a par lui-même un sens complet.

Ex. : Le *travail* est un trésor.

II. Le sujet est *complexe*, quand il est accompagné de mots qui en développent et en complètent le sens.

Ex. : L'amitié *d'un grand homme* est un présent des dieux.

L'amitié d'un grand homme, sujet complexe.

Les livres *utiles* sont en petit nombre.

Les livres utiles, sujet complexe.

Napoléon y passa toute la nuit, *étendu sans force dans un air immobile*.

Napoléon étendu sans force dans un air immobile, sujet complexe.

Il marchait, *revêtu d'une simple redingote boutonnée, accompagné d'un seul domestique*.

Il, revêtu d'une simple redingote boutonnée, accompagné d'un seul domestique, sujet complexe.

§ 5. — Souvent le sujet est complété par une proposition :

Ex. : *Pierre qui roule* n'amasse pas mousse.

Pierre, complété par la proposition, *qui est roulant*, sujet complexe.

L'enfant qui respecte ses parents est aimé de Dieu.

L'enfant, complété par la proposition *qui est respectant ses parents*, sujet complexe.

§ 6. — Les mots ou la proposition qui étendent la signification du sujet s'appellent le *complément logique* du sujet.

Premier exercice.

(1) Le chien est un ami fidèle.

(2) La guerre et la peste sont les deux plus grands fléaux de l'humanité.

(3) L'ordre, le travail et l'économie rendent une maison prospère.

(4) L'amour de la gloire est le mobile des ambitieux.

(5) Les bons livres sont rares.

(6) La chaleur et l'éclat du soleil rendaient notre marche fatigante.

Modèle d'analyse.

1. *Le chien*, sujet simple et incomplexe.

2. *La guerre et la peste*, sujet multiple et incomplexe.

3. *L'ordre, le travail et l'économie*, sujet multiple et incomplexe.

4. *L'amour de la gloire*, sujet simple et complexe.

5. *Les bons livres*, sujet simple et complexe.

6. *La chaleur et l'éclat du soleil*, sujet multiple et complexe.

Deuxième exercice.

(L'élève indiquera si le sujet est simple ou multiple, incomplexe ou complexe.)

L'homme et la femme sont les chefs-d'œuvre de la création.

L'enfant studieux peut sans crainte attendre l'avenir.

Les meilleurs livres ne sont pas toujours les plus amusants à lire.

Le ciel, la terre et les mers proclament la gloire de Dieu.

Couché sur son flanc entr'ouvert, les yeux tournés vers son maître, ce pauvre chien expira.

Ni la gloire ni la fortune ne suffisent à faire le bonheur de l'homme.

Le plus grand roi de la terre n'est aux yeux de Dieu qu'un homme comme un autre.

Les bontés que vous avez eues pour moi, la bienveil-

5.

lance dont vous m'entourez ne me trouveront jamais ingrat.

Pendant l'hiver, les serpents, les lézards et tous les reptiles restent engourdis dans un profond sommeil.

Notre Père céleste aime à abaisser ses regards sur l'enfant pieux et obéissant.

Ces plages désertes, ces tristes contrées furent jadis une cité riche et florissante.

L'homme abandonné de tous trouve toujours des ressources dans la religion.

Les enfants volages ou paresseux perdent pour jamais un temps précieux.

Nul guerrier, nul monarque n'est puissant contre Dieu.

Un repentir sincère est la première réparation d'une faute.

L'hiver et ses frimas préparent la fécondité de la terre.

Troisième exercice.

Les meilleures leçons sont celles de l'expérience.

Les gens heureux voient tout le monde prosterné devant eux.

Le malheureux est souvent abandonné de tous.

Les grands seront toujours des voisins dangereux.

Les âmes faibles sont souvent faibles sans s'en douter.

Un peu d'aide fait grand bien.

L'astre brillant du jour gouverne les saisons.

Pour un âne enlevé deux voleurs se battaient.

Rien n'égale la blancheur du lis.

Un soc longtemps rouillé brille dans le sillon.

Les remords et la peur sont le châtiment du coupable impuni.

Bien souvent les travers des autres nous font rire, alors que les nôtres leur servent de distraction.

La piété et la valeur sont deux vertus qui peuvent se rencontrer dans le même cœur.

La seule vengeance permise est de faire du bien à ceux qui nous offensent.

La force des tyrans réside tout entière dans la patience des peuples qu'ils gouvernent.

Le secret le mieux gardé est celui qu'on ne dit à personne.

Tout être intelligent a pour premier devoir de chercher la vérité.

La plupart des araignées tendent des piéges aux insectes dont elles se nourrissent.

Les principales mines d'or sont en Amérique.

[C'est] surtout dans les Indes [que] se trouvent les plus beaux diamants.

Le papier des Chinois est fait avec l'écorce d'une espèce de mûrier.

Quatrième exercice.

LES FORÊTS DU NORD.

(L'élève indiquera la nature du sujet de toutes les propositions dont le verbe est en italique.)

Sous un ciel toujours couvert d'épais nuages, où la clarté du jour *pénètre* avec peine, *s'élèvent* de vastes et antiques forêts. L'horreur, le silence et la nuit les *habitent*. Des arbres presque aussi vieux que la terre qui les *porte*, s'y *élèvent* et s'y *amoncellent*, pour ainsi dire sans ordre, les uns contre les autres. Leurs branches touffues et entrelacées n'*offrent* qu'avec peine des routes tortueuses, que des ronces *embarrassent* encore. Là des cimes énormes *succombent* sous le poids des années ou par la violence des vents. Elles *tombent* avec effort sur les troncs antiques qui *gisent* à leurs pieds, et *recouvrent* d'autres troncs à demi pourris. Les cris rauques et funèbres d'oiseaux voraces, les hurlements des loups qui *cherchent* une proie, le fracas du torrent qui se *précipite* d'une roche escarpée, *sont* les seuls bruits qui *troublent* le silence de ces affreuses solitudes, et *font* gronder les échos de ces lieux bruts et incultes. Là *habitent* dans des cavernes des hommes durs, féroces, indomptables; ils ne *vivent* que de leur chasse, ils ne se *nourrissent* que de sang. Lorsque l'hiver et ses frimas *viennent* étendre leurs glaces sur ces âpres contrées, et *répandent* la neige par lourds et épais flocons; lorsque les eaux, cessant de couler, se *glacent* et se *durcissent*, que les fleuves arrêtés dans leur course *sont changés* en une masse solide capable de soutenir les plus lourds fardeaux, et que la mer elle-même ne *présente* plus qu'une plaine rigide de glace dure et compacte, alors ces hommes féroces *sortent* de leurs tanières.

Attribut logique. — Complément logique de l'attribut.

§ 7. — Logiquement parlant, l'attribut est, comme le sujet, *simple* ou *multiple*.

I. L'attribut est *simple*, quand il n'exprime qu'une seule manière d'être du sujet.

Ex. : La gloire est *trompeuse*.

II. L'attribut est *multiple*, quand il exprime plusieurs manières d'être du sujet.

Ex. : Dieu est *juste* et *bon*.

§ 8. — L'attribut est également *incomplexe* ou *complexe*.

I. L'attribut est *incomplexe*, quand il présente par lui-même un sens complet.

Ex. : La terre est *ronde*.

II. L'attribut est *complexe*, quand il est accompagné de mots qui en complètent la signification.

Ex. : Louis XII était *bon envers ses sujets*.

L'attribut peut aussi être complété par une proposition.

Ex. : La tigresse est *redoutable, lorsqu'elle a des petits*.

L'attribut *redoutable* est complété par la proposition *lorsqu'elle a des petits*.

§ 9. — L'attribut peut être à la fois *simple* et *complexe*, ou *simple* et *incomplexe*, etc.

Ainsi dans la phrase suivante :

Dieu est *également bon pour tous les hommes*.

L'attribut *également bon pour tous les hommes* est *simple*, car il exprime une seule manière d'être. Cet attribut est en même temps *complexe*, car le sens de l'adjectif *bon* est complété par les mots *également* et *pour tous les hommes*.

Si l'on dit :

Dieu est également *juste et bon pour tous les hommes*

L'attribut *juste et bon pour tous les hommes*, devient *multiple*, car il exprime deux manières d'être, *juste* et *bon ;* il est en même temps *complexe*, car il est complété par d'autres mots.

§ 10. — Les mots ou la proposition qui étendent la signification de l'attribut s'appellent *le complément logique* de l'attribut.

Les compléments *directs, indirects* et *circonstanciels* des verbes attributifs deviennent, dans l'analyse logique, *les compléments logiques* de l'attribat.

Ex. : J'aime *un fils reconnaissant envers son père.*
Le travail plaît *à l'enfant désireux de parvenir.*
Votre ami s'est fait remarquer *par le courage qu'il a montré dans le malheur.*

Premier exercice.

(1) Le soleil de la vie est couvert de nuages.

(2) La vanité n'est bonne à rien.

(3) La foule est dangereuse et féroce lorsque la peur la prend.

(4) Les anciens combattaient souvent presque nus.

(5) L'égoïste devenu vieux est puni par l'abandon de tous.

(6) Le lion est agile, fort et courageux.

(7) Le lapin de garenne se nourrit d'herbes aromatiques.

(8) La pie est voleuse et taquine à l'excès.

Modèle d'analyse.

1. *Couvert de nuages*, attribut simple et complexe.

2. *Bonne à rien*, attribut simple et complexe.

3. *Dangereuse et féroce, lorsque la peur la prend*, attribut multiple et complexe, complété par la proposition *lorsque la peur la prend.*

4. *Combattaient* (pour *étaient combattant*); *combattant souvent presque nus*, attribut simple et complexe.

5. *Puni par l'abandon de tous*, attribut simple et complexe.

6. *Agile, fort* et *courageux*, attribut multiple et incomplexe.

7. *Se nourrit* (pour *est se nourrissant*), *se nourrissant d'herbes aromatiques*, attribut simple et complexe.

8. *Voleuse et taquine à l'excès*, attribut multiple et complexe.

Deuxième exercice.

(L'élève indiquera si l'attribut est simple ou multiple, complexe ou incomplexe.)

L'or est inaltérable, lourd et résistant.

L'homme est fait à l'image de Dieu.

La seule et vraie consolation est la prière.

La conscience est le meilleur conseiller de l'homme.

La tête du flamant est petite et hors de proportion avec son corps.

Le cœur d'une mère est le plus sûr refuge de l'enfant égaré.

L'avare est prudent et inconséquent à la fois.

Les passions sont cruelles et aveugles.

Médire de son prochain est lâche, cruel et infâme.

Les véritables amis sont rares.

Les œuvres des hommes sont fragiles et passagères comme eux.

Les astres du firmament s'attirent les uns les autres.

Pour tout homme l'honneur doit être plus cher que la vie.

La sagesse est la seule chose dont la possession est certaine.

L'espérance soutient l'homme au milieu des revers.

Le style de Racine est clair, élégant et correct.

Les blessures faites à l'amour-propre sont les plus sensibles.

Le sage est seul réellement heureux.

Les Égyptiens furent les inventeurs des mathématiques.

Les plus grands empires du monde se fondèrent en Asie.

La viande du renne est très-saine et agréable à manger.

Aux pôles les neiges ne fondent jamais.

Le chien des Esquimaux est agile, robuste, docile et content de peu.

Troisième exercice.

Les présomptueux croient être bons à tout et ne sont bons à rien.

L'intempérance et les préjugés sont deux maladies mortelles, l'une pour le corps, l'autre pour l'esprit.

Socrate désirait que sa petite maison fût pleine de vrais amis.

Bien des gens sont prompts à promettre et lents à tenir.

Le sage est économe de temps et de paroles.

L'étude est la plus riche source de richesses et de plaisirs.

Les maladies de l'âme sont plus difficiles à guérir que celles du corps.

La fortune oblige à la charité.

La taupe n'est point aveugle, mais elle a les yeux très-petits.

L'ordre et l'économie valent bien la pierre philosophale.

Les premiers hommes se nourrissaient des fruits de la terre.

La démarche du lion est fière, grave et lente ; tout dans sa prestance dénote la force et le courage.

Jean Bart et Duquesne étaient tous deux enfants du peuple ; ils ont fondé leur gloire sur leurs exploits.

Quelques crimes toujours précèdent les grands crimes.

Tous les grands hommes ont eu leurs faiblesses.

L'œil du plus petit animal est à lui seul un prodige.

Les corneilles, dit-on, vivent plus d'un siècle.

La terre n'est jamais ingrate pour celui qui la cultive.

Oublier sa faute c'est vouloir y retomber.

La leçon difficile à apprendre se retient longtemps.

Seul entre tous les animaux, l'homme sait qu'il doit mourir.

Quatrième exercice.

(Indiquer la nature de l'attribut des propositions dont le verbe est en italique.)

Une pauvre femme de Zehra *possédait* un petit champ, lequel *était* voisin des jardins du calife Hakkam, et en *altérait* la régularité. Hakkam ayant eu envie de bâtir un pavillon, fit proposer à cette femme de le lui acheter, mais elle *refusa* absolument de s'en défaire, disant que c'était là l'héritage de ses pères, et qu'elle *tenait* à le conserver. Alors le calife *ayant appelé* ses intendants, leur *donna* l'ordre de s'emparer du terrain, et *exigea* même qu'on en *chassât* la pauvre femme sans la payer. Celle-ci alla porter plainte au cadi Béchir, qui, pensant avec juste raison que le premier devoir d'un monarque *est* la justice, *se chargea* de sa cause et lui *fit* espérer un prompt succès. Or, de même qu'ici-bas rien n'*est* parfait, aucun homme n'*est* complétement méchant, et celui qui *cherche* à s'endurcir ne peut cependant étouffer la voix de sa conscience. Un jour que le calife se *reposait* dans le pavillon qu'il avait fait bâtir sur le terrain usurpé, il *vit* arriver le cadi, lequel *était* monté sur un âne et *portait* un sac vide. — Cadi Béchir, que me *veux*-tu? lui *dit*-il. — Prince des croyants, je *viens* te prier de me laisser remplir ce sac de la terre que tes pieds *ont foulée*. Hakkam y *consent*, et le cadi *remplit* son sac. S'approchant alors, il *prie* le calife de l'aider à le charger sur son âne. Le calife *fut* très-surpris d'une pareille demande, mais, comme Béchir *était* un saint homme, il y *consentit*, *essaya* de soulever le sac et n'y *put* parvenir. — Prince des Croyants, lui *dit* alors Béchir, ce sac ne *renferme* pourtant qu'une faible parcelle du champ que tu *as usurpé*, comment donc *pourras*-tu en soutenir le poids devant le juge suprême? Hakkam *fut frappé* de la leçon, et le jour même il *rendit* le champ à la pauvre femme, et lui *donna* le pavillon qu'il y *avait fait* bâtir.

Premier exercice de récapitulation sur les sujets et attributs.

LA PESTE DE MARSEILLE.

(Dans chaque proposition l'élève notera le sujet et l'attribut logiques, et en dira la nature.)

Un navire marchand venant de l'Orient apporta la peste à Marseille. C'était pour la vingtième fois qu'elle supportait cet horrible fléau. Belzunce, évêque de cette malheureuse ville, raconte en ces termes l'épouvantable désastre. Dans les nombreuses demeures désolées par la peste et la famine, l'on n'entendait que gémissements et cris. Des cadavres abandonnés pourrissaient auprès de ceux même qui n'étaient pas encore morts. C'était pour ces malheureux un supplice plus dur que la mort même. Toutes les rues de la ville étaient bordées des deux côtés des restes des morts à demi pourris ; on voyait çà et là les hardes et les meubles des pestiférés jetés par les fenêtres, si bien que l'on ne savait où mettre le pied. Les portes des églises, les places publiques étaient sans cesse encombrées de nombreux cadavres entassés, et en plus d'un endroit mangés par les chiens. Bientôt la famine vint se joindre à tant de misères, et les malheureux qui échappaient à l'un des fléaux succombaient à l'autre. Ces infortunés, cherchant en vain de la viande saine, mangeaient de repoussants aliments, et périssaient victimes d'autres maladies engendrées par cette alimentation. Le nombre des morts dépassa un millier dans la journée du 24 août, et ce ne fut que le 18 octobre que le mal commença enfin à diminuer.

Deuxième exercice de récapitulation (sujets et attributs).

(Suite.)

Les églises, les chapelles, les lieux de réunion étaient tous fermés ; les hôpitaux, les maisons d'asile étaient devenus inutiles par la grande et déplorable affluence des malades. Dès que dans une maison un habitant est frappé, on n'a plus pour lui que de l'horreur. Ses amis, ses parents, ses proches le fuient, ou, ce qui est pis encore, on le jette dans la rue, en proie à l'affreuse et impitoyable maladie et à la soif qui le dévore. Dans ces déplorables journées, bien des hommes dévoués, appartenant aux ordres civils ou religieux, périrent victimes de leur dévouement. Leur digne évêque, Belzunce, dont la douce et inébranlable fermeté rappelle les plus beaux traits de l'histoire ancienne, resta au milieu de son troupeau, parcourant tous les quartiers, entrant dans toutes les maisons, portant partout les consolations et les secours de la religion et de la charité. Il donna plus de vingt-cinq mille écus en deux mois; il vendit les meubles riches et précieux qu'il possédait pour répandre plus de bienfaits encore. Il visitait nuit et jour les malheureux atteints de la peste, mais la mort respecta sa vertu. Son palais fut assailli; il vit périr les serviteurs qui l'entouraient, les religieux qui l'aidaient dans l'accomplissement de son œuvre de dévouement; lui seul échappa comme par miracle. Certes, la Marseille moderne ne ressemble guère à l'ancienne, et de tout temps l'ingrate et oublieuse nature de l'homme a fait bon marché des souvenirs du passé; pourtant le souvenir de Belzunce est encore vivant en Provence, et de nombreux monuments consacrent sa mémoire.

SECONDE PARTIE

DÉCOMPOSITION D'UNE PHRASE EN PROPOSITIONS.

§ 11. — Jusqu'ici nous avons considéré la proposition *simple* avec toutes les modifications dont elle est susceptible.

Le caractère de la proposition *simple*, c'est de renfermer en elle-même un sens indépendant et complet.

Mais une phrase peut se composer de plusieurs propositions, dont chacune présente, il est vrai, un sens distinct, mais qui toutes concourent à une même idée.

Ex. : Turenne arrive, range son armée en bataille — et chasse l'ennemi.

Ces propositions, quoique paraissant indépendantes, ne le sont réellement pas, puisque c'est leur ensemble qui constitue le sens de la phrase.

On ne doit pas les appeler *simples* ni *indépendantes*, mais *coordonnées*.

§ 12. — D'autres fois les propositions contenues dans une phrase n'offrent un sens que par leur union intime avec une autre proposition.

Ex. : Je désire *que vous travailliez*.

La proposition *que vous travailliez* n'a un sens que parce qu'elle dépend de la précédente, *je désire*.

Cette liaison étroite des propositions entre elles s'appelle *subordination des propositions*.

D'après l'importance de chacune de ces propositions, on a appelé la première proposition *principale*, et la seconde proposition *subordonnée*.

Dans la phrase précédente, *je désire* est la proposition principale ; *que vous travailliez*, la proposition subordonnée.

§ 13. — Ainsi toutes les propositions peuvent se ramener à trois espèces fondamentales :

1° Propositions *simples*.

2° Propositions *coordonnées* entre elles.

3° Propositions *subordonnées*, c'est-à-dire dépendant d'une proposition principale.

Nous n'avons à examiner ici que les propositions *coordonnées* et *subordonnées*.

COORDINATION DES PROPOSITIONS.

Union des propositions coordonnées.

§ 14. — Les propositions *coordonnées* sont liées entre elles :
1° Par la simple gradation des idées.

Ex. : L'arbre tient bon, — le roseau plie,
Le vent redouble ses efforts.

2° Par les conjonctions dites de coordination, savoir : *et, ni, ou, mais, or, donc, car, au moins, d'ailleurs, cependant, c'est pourquoi, en effet*, etc., etc.

Ex. : Pratiquons la vertu, — *car* elle seule nous rend heureux.
Cet enfant pourrait réussir, — *mais* il est trop étourdi.

Premier exercice sur les propositions coordonnées.

(1) Un grand malheur est arrivé; mon frère est allé à la chasse, son fusil a éclaté, il s'est cassé le poignet.

(2) La bataille est perdue, Davoust arrive, il rallie les fuyards, les mène à la charge; l'ennemi s'arrête étonné, plie peu après, la bataille est gagnée.

(3) Il ne mangea ni ne but pendant ces huit jours, pourtant il survécut à tant de souffrances.

Modèle d'analyse.

1. Cette phrase renferme quatre propositions coordonnées entre elles par la gradation des idées.

2. Cette phrase renferme sept propositions coordonnées entre elles par la gradation des idées.

3. Cette phrase renferme trois propositions, les deux pre-

mières, *Il ne mangea pendant huit jours, il ne but,* etc. sont coordonnées par la conjonction *ni;* la troisième, *il survécut,* etc. leur est coordonnée par la conjonction *pourtant.*

Deuxième exercice.

(L'élève décomposera ces phrases en propositions, et dira leur mode de coordination.)

Le chêne au tronc raide ne courbe que ses branches ; l'élastique sapin balance sa haute pyramide ; le peuplier robuste agite son feuillage mobile, et le bouleau laisse flotter le sien dans les airs comme une longue chevelure.

Il s'en allait errant sur la terre. J'ai passé à travers les peuples, et ils m'ont regardé, et je les ai regardés, et nous ne nous sommes point reconnus ; l'exilé partout est seul.

On se repent rarement de parler peu, mais on a souvent à se repentir de trop parler.

Jacob était sous la protection divine, il l'emporta en tout sur Esaü.

L'homme peut être bien criminel, cependant Dieu peut toujours lui pardonner, c'est pourquoi le repentir est la dernière espérance du coupable.

SUBORDINATION DES PROPOSITIONS.

§ 15. — On a vu que les propositions *subordonnées* sont celles qui, n'offrant pas par elles-mêmes un sens complet, dépendent d'une proposition *principale.*

Ex. : Je veux *que tu viennes.*

Que tu viennes est la proposition *subordonnée ;* elle dépend de la proposition *je veux,* qui est la *principale.*

§ 16. — Bien que la proposition principale joue le rôle important dans la phrase, néanmoins elle n'occupe pas toujours le premier rang.

Ex. : S'il fait beau, *nous sortirons.*
Tant qu'il fut heureux, *il eut beaucoup d'amis.*

Dans ces deux phrases, les deux propositions *nous sortirons, il eut beaucoup d'amis,* quoique propositions principales, tiennent la seconde place.

§ 17. — Quelquefois la proposition principale est sous-entendue ; l'analyse logique doit la rétablir.

Ex. : *Qu'il* parte, puisque sa santé l'exige.

C'est-à-dire, en rétablissant la proposition principale, *je veux* qu'il parte.

Quelquefois même, le *que* de subordination n'est pas exprimé.

Ex. : *Plaise* à Dieu qu'il n'en soit pas ainsi !
Fasse le Ciel qu'il échappe à ce danger.

C'est-à-dire, en rétablissant la proposition principale et le *que* de subordination, *je souhaite qu'*il plaise à Dieu ; *je désire que* le Ciel fasse qu'il échappe.

§ 18. — Une proposition peut dépendre d'une proposition déjà subordonnée.

Ex. : J'exige *que tu travailles, afin que tu sois un jour indépendant.*

Il y a dans cette phrase deux propositions subordonnées : 1° *que tu travailles,* qui dépend de la principale, *j'exige ;* 2° *afin que tu sois un jour indépendant,* qui dépend de la subordonnée *que tu travailles.*

Premier exercice sur les propositions subordonnées.

(1) Je désire que vous m'écriviez dès que vous serez arrivé.

(2) Quand vous aurez fini ce devoir, vous irez jouer.

Modèle d'analyse.

1. Cette phrase renferme une proposition principale et deux propositions subordonnées.

Je désire (Prop. principale).

Que vous m'écriviez (Prop. subordonnée, dépend de *je désire*).

Dès que vous serez arrivé (Prop. subordonnée, dépend de la précédente).

2. Cette phrase renferme une proposition principale et une proposition subordonnée.

Vous irez jouer (Prop. principale affirmative).

Quand vous aurez fini ce devoir (Prop. subordonnée).

Deuxième exercice.

(L'élève décomposera ces phrases en propositions principales et en propositions subordonnées.)

Je partirai dès que j'aurai reçu de l'argent.

Quand vous aurez fini ce devoir vous irez jouer.

Tout repas est festin quand l'amitié le sert.

Venez vite, afin que l'on ne vous attende pas.

Dieu a voulu que le cours des choses humaines eût sa suite et ses proportions.

Lorsque la domination de Rome était bornée à l'Italie, la République pouvait facilement subsister.

Fénelon a dit que le vrai sage sait se contenter de peu.

Je n'entends point que vous fassiez à votre tête; mais j'exige que vous soyez soumis en tout.

Je crois que Dieu est tout-puissant, mais je sais aussi qu'il est juste et bon.

Je crois que le bonhomme est sourd.

DIFFÉRENTES SORTES DE PROPOSITIONS SUBORDONNÉES.

On distingue deux sortes de propositions subordonnées :

1° La proposition subordonnée *complétive*.

2° La proposition subordonnée *circonstancielle*.

A ces deux propositions se rattache la proposition *relative*, c'est-à-dire celle qui commence par un des relatifs *qui*, *que*, *dont*.

1° Proposition subordonnée complétive

§ 19. — La proposition subordonnée est dite *complétive*,

lorsqu'elle est tellement liée à la principale qu'elle est indispensable pour en compléter le sens.

Ex. : J'exige *qu'il me fasse l'aveu de sa faute.*

La subordonnée, *qu'il me fasse l'aveu de sa faute,* complète le sens indéterminé de la principale *j'exige,* et est indispensable pour l'expression de l'idée.

Ex. : Je m'applique *à ce que l'affaire réussisse.*

Je m'applique, proposition principale, n'a de sens que parce qu'elle est complétée par la subordonnée *à ce que l'affaire réussisse.*

La proposition subordonnée complétive joue, par rapport à la proposition principale, le rôle que jouent le complément direct et le complément indirect dans la proposition simple.

Union de la subordonnée complétive à la principale

§ 20. — La proposition subordonnée complétive est liée à la principale de différentes manières.

1° Par la conjonction *que,* qui est la conjonction de subordination par excellence.

Ex. : Je crois QUE *l'âme est immortelle.*

2° Par les *adjectifs, pronoms ou adverbes interrogatifs,* sous la forme d'une interrogation indirecte.

Ex. : Dites-moi QUELLE *heure il est.*
Il comprit à QUOI *il s'exposait.*
J'ignore SI *cela est bien.*
Je vous apprendrai COMMENT *vous devez vous conduire.*

3° Quelquefois la proposition complétive, au lieu d'être exprimée par un verbe à un mode personnel, est remplacée par un infinitif.

Ex. : Je vous entendais *chanter.*
Il sent *sa fin approcher.*
Nous voyons *venir* le printemps.

Dans chacun de ces exemples l'infinitif est accompagné de son sujet, et c'est dans ce cas seulement que l'infinitif équivaut à une proposition complétive.

J'entendais — *vous* chanter.
Il sent — *sa fin* approcher.
Nous voyons — *le printemps* venir.

C'est comme s'il y avait :

> J'entendais *que vous chantiez.*
> Il sent *que sa fin approche.*
> Nous voyons *que le printemps vient.*

C'est ainsi qu'il faut analyser ces propositions.

Remarques. — Mais quand l'infinitif n'est pas accompagné d'un sujet et qu'il ne sert qu'à développer le sens du verbe, l'infinitif n'est plus qu'un nom verbal, jouant le rôle de complément direct, indirect ou circonstanciel, et qu'il faut analyser comme tel.

> Ex. : Nous *voulons partir* (complément direct).
> Je vous *engage à travailler* (complément indirect).
> Il faut de la persévérance *pour réussir* (complément circonstanciel).

4° La proposition complétive est encore unie à la principale par un des adverbes comparatifs, *autant ... que; aussi ... que, tant ... que; si... que; d'autant plus ... que; plus ... plus; assez ... pour; trop ... pour;* et les adjectifs *tel ... que; le même ... que; autre ... que;* etc.

> Ex. : Il a *autant* de mérite *que* de modestie.
> Vous avez *trop* d'orgueil *pour* reconnaître vos torts.

Remarques. — 1° Quelquefois le second terme de la proposition renferme des mots sous-entendus qu'il faut rétablir dans l'analyse logique.

> Ex. : Fénelon était aussi modeste — qu'instruit.

C'est-à-dire, en rétablissant le sujet et le verbe, qu'*il était* instruit.

> Ex. : Il est aussi affable — que l'est son frère.

C'est-à-dire, en rétablissant l'attribut, que son frère est *affable.*

2° La comparaison s'exprime quelquefois par les adverbes *autant, plus, moins* répétés; la conjonction *que* est alors supprimée.

> Ex. : *Autant* la modestie plaît, *autant* l'arrogance blesse et irrite.
> *Plus* l'ambitieux obtient, *plus* il veut obtenir.

C'est comme s'il y avait : L'arrogance blesse et irrite *autant que* la modestie platt ; l'ambitieux veut obtenir *d'autant plus* qu'il obtient plus.

Premier exercice sur les propositions subordonnées complétives.

(1) Je ne sais si vous avez raison, ni si vous avez tort, mais il me semble que je n'agirais pas ainsi.

(2) J'ai vu la mer furibonde soulever le vaisseau jusqu'aux nues.

(3) Je voudrais bien savoir à quelle heure je dois partir, et quelle route je dois prendre.

Modèle d'analyse.

(1) Cette phrase renferme deux propositions principales et trois propositions subordonnées complétives, savoir :

Je ne sais (proposition principale).

Si vous avez raison (prop. subordonnée complétive) ; *Si vous avez tort* (prop. subordonnée complétive), unies à la principale par *si*.

Il me semble (prop. principale).

Que je n'agirais pas ainsi (prop. subordonnée complétive, unie à la principale par la conjonction *que*).

(2) Cette phrase renferme une principale et une subordonnée complétive.

J'ai vu (prop. principale).

La mer furibonde soulever le vaisseau jusqu'aux nues (prop. subordonnée complétive, remplacée par l'infinitif).

(3) Cette phrase renferme une principale et deux subordonnées complétives.

Je voudrais bien savoir (prop. principale).

A quelle heure je dois partir (proposition subordonnée complétive) unie à la principale par interrogation indirecte.

Quelle route je dois prendre (prop. subordonnée complétive unie à la principale par interrogation indirecte).

Deuxième exercice.

(Analysez les phrases suivantes sur le modèle précédent.)

Vous êtes en meilleure santé que vous n'étiez il y a un an.

L'enfant irrespectueux est d'autant plus coupable, qu'il pèche à la fois contre son père et contre Dieu.

Je voudrais savoir quelle est cette magnifique demeure, dites-moi donc qui en est le propriétaire.

J'ignore ce que vous voulez, puisque vous ne savez pas le dire; je cherche vain comment je pourrais vous satisfaire.

Je ne nie point que le chat soit un animal gracieux et plaisant; mais je ne puis admettre qu'il soit préférable au chien.

Le premier qui vit dans le daguerréotype son portrait se faire tout seul, son image apparaître d'elle-même, le soleil se faire peintre, et se mettre aux ordres d'un habile chimiste, dut être bien surpris.

Troisième exercice.

Il est bien laid, mais on voit que la beauté de son âme efface la laideur de sa figure.

J'espérais arriver avant le jour, mais j'ai senti la fatigue l'emporter sur ma volonté, j'ai dû m'arrêter en route.

L'homme indifférent est souvent aussi coupable que le méchant.

Jamais les enfants n'aiment leurs mères autant que leurs mères les ont aimés.

Les devoirs de l'enfant sont les mêmes que ceux de l'homme.

J'ai vu l'éléphant du Jardin des plantes ; ses oreilles sont si grandes, qu'elles lui couvrent les épaules, et sa taille est bien plus petite que celle de l'éléphant d'Asie.

Je veux qu'il parle, j'exige qu'il s'explique ; je ne prétends pas qu'on le condamne sans l'entendre.

Dites-moi donc comment vous vous portez? comment vont les affaires? ce qu'est devenu votre fils.

Quatrième exercice.

LE PRIX DU TEMPS.

Peu de gens comprennent que le temps est d'un grand

prix. — Beaucoup perdent dans la paresse et l'inaction des heures nombreuses, — sans comprendre que la vie est si courte qu'elle ne peut toujours suffire à l'homme pour achever l'œuvre commencée. — A ce propos, voici une historiette que Buffon racontait souvent. — Dans ma jeunesse, dit-il, j'aimais beaucoup dormir, — et souvent le sommeil me dérobait une bonne moitié de mon temps. — Joseph, mon serviteur, essayait en vain de vaincre ma paresse. — Un jour je lui promis un écu, — s'il me forçait le lendemain à me lever à six heures. — Il vint me tourmenter à l'heure fixée, — mais je lui répondis brusquement que je voulais dormir — et qu'il me laissât tranquille. — Le jour suivant, il vint encore pour essayer de me réveiller ; — je lui fis de si grandes menaces, — qu'il me crût fâché pour tout de bon. — Dans l'après-midi de ce même jour, je lui dis : — Joseph, je vois — que je perds mon temps, — que tu perds ta peine, — et que tu ne gagnes pas ton écu ; — je désire — que tu comprennes mieux ton intérêt et le mien. — Désormais, ne pense qu'à ma promesse, — et n'écoute plus mes menaces. — Le lendemain il me tira si bien hors du lit, — que je me levai tout de suite, — et que je me mis au travail sans plus tarder. — Je dois à mon pauvre Joseph une demi-douzaine au moins de mes ouvrages.

2° PROPOSITION SUBORDONNÉE CIRCONSTANCIELLE.

§ 21. — La proposition subordonnée est dite *circonstancielle*, lorsqu'elle sert à modifier la proposition principale par les circonstances de cause, de manière, de temps, de lieu.

Ex. : Il faut, *autant qu'on peut*, obliger tout le monde.
      Garde-toi, *tant que tu vivras*, de juger les gens sur la mine.

La proposition subordonnée circonstancielle joue, par rapport à la proposition principale, le rôle que joue, dans la proposition simple, le complément circonstanciel.

Union de la subordonnée circonstancielle à la principale.

§ 22. — Les propositions subordonnées circonstancielles sont liées à la principale :

1° Par une des conjonctions ou locutions conjonctives de subordination, *puisque, quand, si,* etc., *à moins que, à mesure que, aussitôt que, de peur que,* etc. (Voir le tableau de ces conjonctions, page 57.)

Ex. : Je partirai demain, si *vous l'exigez.*
Je sortirai AUSSITÔT QUE *tout sera prêt.*
Si *mince* QU'*il soit,* un cheveu fait de l'ombre.

Remarque. — Certaines locutions conjonctives se construisent aussi avec l'infinitif précédé de la préposition *de,* comme *afin de, avant que de, avant de, à moins que de, à moins de, de peur de, de crainte de, bien loin de.*

Ex. : Je ne l'ai pas fait, de crainte *de vous déplaire.*
A moins que *d'être fou,* on ne peut raisonner de la sorte.
Avant *d'agir,* réfléchissez.

2° Quelquefois la proposition circonstancielle, au lieu de s'exprimer par une conjonction et un verbe à un mode personnel, s'exprime par le participe, soit présent soit passé ; c'est ce qu'on appelle *proposition participe.*

Ex. : *Dieu aidant,* je viendrai à bout de cette entreprise.
César mort, Rome fut livrée à l'anarchie.

C'est comme s'il y avait : *Si Dieu aide,* je viendrai à bout de cette entreprise ; *Lorsque César fut mort,* Rome fut livrée à l'anarchie.

Remarque. — Cette tournure ne forme une proposition participe qu'autant que le participe ne se rapporte ni au sujet, ni à l'attribut, ni à aucun complément ; autrement le participe n'est qu'une simple modification des mots auxquels il est joint. Ainsi dans cette phrase : *L'enfant ayant été interrogé répondit bien,* ces mots *l'enfant ayant été interrogé* ne sont pas une proposition participe, mais simplement le sujet *de répondit.*

Premier exercice sur les propositions circonstancielles.

(1) Le vice, quoi qu'il fasse et quoi qu'il tente, en est réduit à envier la vertu.

(2) Tous les spectateurs, pendant qu'il parlait, sentirent leurs cœurs émus.

(3) Dieu aime et prend en pitié le méchant, bien loin de le haïr et de le frapper de sa colère.

(4) La terre tournant sur elle-même, et tournant de plus autour du soleil, chaque homme, en sa vie, fait dans l'espace un singulier chemin.

(5) Les grilles étant tordues et les portes enfoncées, la foule furieuse fit irruption dans l'enceinte.

Modèle d'analyse.

1. Cette phrase renferme une principale et deux subordonnées circonstancielles.

Le vice est réduit à envier la vertu (prop. principale).

Quoi qu'il fasse (prop. subordonnée circonstancielle, unie à la principale par *quoi que*).

Quoi qu'il tente (prop. subordonnée circonstancielle unie à la principale par *quoi que*).

2. Cette phrase renferme une principale et une subordonnée circonstancielle.

Tous les spectateurs sentirent leurs cœurs émus (prop. principale).

Tandis qu'il parlait (prop. sub. circonstancielle, unie à la principale par la locution conjonctive *tandis que*).

3. Cette phrase renferme deux principales et deux subordonnées circonstancielles.

Dieu aime le méchant (prop. principale).

Dieu prend le méchant en pitié (prop. principale).

Bien loin de le haïr (prop. subordonnée circonstancielle, unie aux principales par *bien loin de*).

Bien loin de le frapper de sa colère (prop. subordonnée circonstancielle, unie aux principales par *bien loin de*).

4. Cette phrase renferme une principale et deux subordonnées circonstancielles.

Chaque homme en sa vie fait dans l'espace un singulier chemin (prop. principale).

La terre tournant sur elle-même (prop. participe, dans laquelle le participe présent remplace la conjonction *puisque*).

La terre tournant autour du soleil (prop. participe, dans laquelle le participe présent remplace la conjonction *puisque*).

5. Cette phrase renferme une principale et deux subordonnées circonstancielles.

La foule fit irruption dans l'enceinte (prop. principale).

Les grilles tordues (prop. subordonnée circonstancielle, dans laquelle le participe passé remplace la conjonction *après que*).

Les portes enfoncées (prop. subordonnée circonstancielle, dans laquelle le participe passé remplace la conjonction *après que*),

Deuxième exercice.

(Analyser ces phrases conformément au modèle précédent,)

L'homme peut faire l'impossible, pour peu qu'il le veuille.

Quelque haut que vous soyez placé, le malheur saura vous atteindre.

Je ne pourrai jamais, quoi que vous me disiez, oublier qu'il m'a rendu service.

Le soleil, bien que caché par un nuage (1), n'en fait pas moins sentir sa chaleur; de même Dieu, bien qu'invisible pour nous, ne cesse de nous entourer de son amour.

La chauve-souris ne trouvant plus, l'hiver venu (2), des insectes pour se nourrir, s'endort dans un trou de muraille, et, devenue insensible au froid (3), elle passe ainsi la mauvaise saison.

Bien qu'il fût encore à une grande distance, il me reconnut tout de suite, et n'écoutant que la voix de son cœur, il courut à ma rencontre.

Mon désir de vous être agréable, quelque grand qu'il soit, ne peut malheureusement rien contre l'impossible.

Afin qu'il fût plus frais et de meilleur débit,
On lui lia les pieds, puis on le suspendit.

Troisième exercice.

LES AIGUILLES.

(Analyser les propositions, faire connaître leur nature et leurs modes
d'union.)

Le plus petit objet demande une foule inimaginable de soins et de travaux. Laissez-moi, puisque nous en avons

(1) Bien *qu'il soit* caché.
(2) L'hiver *étant* venu.
(3) Remarquez que *devenue insensible au froid* modifie le sujet *elle,*

le temps, vous dire toute la main-d'œuvre nécessaire à la confection d'une aiguille. Le fer, sous forme de fil, est d'abord coupé en petits morceaux; alors un ouvrier les aiguise chacune par les deux bouts. Un autre, aussitôt que la pointe est faite, polit sur une meule toutes les pointes. Un quatrième coupe ensuite chaque morceau par le milieu, vu que chacun doit fournir deux aiguilles. Puis un cinquième, pour qu'on puisse percer le chas ou trou de l'aiguille, aplatit le gros bout. Ces bouts, chauffés et ramollis dans un four, sont creusés d'une double gouttière. Vous la verrez aisément, pour peu que vous y prêtiez attention, de chaque côté de la tête. On perce ensuite le trou. Après quoi, avant que vous puissiez vous servir de cette aiguille, il faut encore de nombreuses opérations. On la trempe, attendu que, sans cela, elle plierait et ne piquerait pas. Puis on la recuit, si par hasard la trempe est trop forte. Ensuite on la redresse, vu qu'elle s'est tordue en passant par tant de mains; on la polit, sa surface étant rude et noirâtre; on la dégraisse, pour qu'elle soit nette et brillante. On la sèche rapidement, afin qu'elle ne se rouille pas. Enfin, on fait un triage des aiguilles fabriquées, certaines étant défectueuses; on en fait de petits paquets, puis tout est fini; et cette aiguille, qui a nécessité tant de travaux, se vend un peu moins d'un demi-centime.

3° PROPOSITION RELATIVE.

§ 23. — Aux propositions qui précèdent se rattache la *proposition relative.*

On appelle *proposition relative* toute proposition commençant par un des pronoms relatifs, *qui, que, dont,* etc.

Ex. Pierre *qui roule* n'amasse pas mousse.

§ 24. — La proposition relative sert toujours à développer le sens du sujet et de l'attribut, ou d'un complément du sujet et de l'attribut.

Ex. : *La vertu qui se cache* (sujet) n'en a que plus de prix.

Le travail est un *trésor qui ne s'épuise jamais* (attribut).

L'éclat *des fleurs qui ornent ce jardin* (complément du sujet) réjouit les yeux.

J'ai reçu *une lettre qui m'a été très-agréable* (complément de l'attribut).

§ 25. — La proposition relative équivaut soit à une proposition coordonnée, soit à une proposition subordonnée.

Ex. : Une ourse avait un petit ours *qui venait de naître*.

L'homme qui est vertueux est estimé de tous.

Qui venait de naître équivaut à la coordonnée *et il venait de naître.*

Qui est vertueux équivaut à la subordonnée *s'il est vertueux*.

Mais comme cette distinction n'a pas une importance pratique ; nous nous contenterons d'appeler ces sortes de propositions, *propositions relatives*.

Premier exercice sur les propositions relatives.

(1) L'armée, qui lui était hostile, se débanda au premier choc.

(2) L'hypocrite qui fait l'homme vertueux et le chat qui fait patte de velours sont fort à redouter.

Modèle d'analyse.

1. Cette phrase renferme une proposition principale et une proposition relative.

L'armée se débanda au premier choc (prop. princ.)

Qui lui était hostile (prop. relative).

2. Cette phrase renferme une prop. principale et deux propositions relatives.

L'hypocrite et le chat sont fort à redouter (prop. princ.).

Qui fait l'homme vertueux (prop. relative).

Qui fait patte de velours (prop. relative).

Deuxième exercice.

(L'élève analysera les phrases suivantes d'après le modèle qui précède.

Plusieurs amis qui m'avaient promis de venir, me manquent de parole.

Il avait une jolie fortune qui lui venait de son père, mais il a mené une mauvaise conduite qui l'a ruiné.

Ces arbres, qui portent jusqu'au ciel leurs branchages épais, enfoncent profondément sous terre leurs puissantes racines.

Le cheval, qui est l'animal par excellence pour l'Arabe, est fils du vent du désert.

Choisissez une profession qui concorde avec vos goûts et vos facultés.

J'ai vu un chien qui fuyait devant un lièvre, et j'ai bien ri du chasseur qui courait après eux.

Je préfère à tous les autres les fruits que produit le midi de la France.

Pouvais-je me refuser à la victoire qui marchait devant moi.

Je ne considère comme vraiment courageux que l'homme qui sait attendre le péril avec calme et sans impatience.

Le corbeau est un oiseau qui se nourrit de chair corrompue.

Un véritable ami est une chose qui est aussi douce que rare.

On pardonne aisément à l'enfant qui se repent sincèrement.

La surface du globe est sans cesse modifiée par les révolutions séculaires qui s'y produisent.

La gastronomie est l'art qui remonte le plus loin dans l'histoire ; rappelez-vous Esaü qui vendit son droit d'aînesse pour un plat de lentilles.

Ce malheureux, dont tantôt vous me disiez l'histoire, est mort hier à l'hôpital ; et cet autre, auquel vous vous intéressiez aussi, est devenu introuvable.

Le cheval qui a été bien dressé est une monture docile et sans danger.

La charité, qui est le premier devoir du chrétien, porte avec elle sa récompense.

L'éléphant, qui par sa taille et sa force pourrait être le plus terrible des animaux, est le plus doux et le plus sociable de tous ; l'homme qui n'est qu'un nain auprès de lui, en fait son esclave docile.

Un chat qui a été échaudé une fois craint même l'eau froide.

Le menteur qui dit par hasard la vérité, risque fort de ne pas être cru.

Un petit jeu qui récrée innocemment, une promenade qui délasse après le travail, font sentir une joie plus pure que les plaisirs enivrants.

Un enfant qui veut plaire à Dieu doit obéir à ses parents.

L'égoïste, qui s'aime trop lui-même, n'a pas le temps d'aimer ses semblables.

La jeunesse, qui ne doute de rien, agit souvent sans réflexion.

La vieillesse, qui par expérience doute de tout, réfléchit toujours avant d'agir.

Un auteur qui veut être utile,
Doit semer ses écrits d'agréables leçons.

RÉCAPITULATION GÉNÉRALE.

Avant de faire les exercices suivants, les élèves devront se familiariser avec les tournures de construction (page 136) et les gallicismes (page 141,)

Modèles complets d'analyse.

Le tableau suivant est facile à comprendre. La première colonne verticale, à gauche, ne renferme que les trois termes de rigueur de la proposition. Les colonnes horizontales indiquent l'espèce de proposition, les termes auxquels elle est jointe et les conjonctions ou mots conjonctifs. L'espace intermédiaire est réservé aux compléments enchaînés les uns aux autres par des accolades.

Premier modèle.

« Les Tyriens, par leur fierté, avaient irrité contre eux le grand roi Sésostris qui régnait en Egypte et qui avait conquis tant de royaumes. Les richesses qu'ils ont acquises par le commerce et la force de l'imprenable ville

de Tyr, située dans la mer, avaient enflé le cœur de ces
peuples ; ils avaient refusé de payer à Sésostris le tribut
qu'il leur avait imposé en revenant de ces conquêtes.

Décomposition en propositions.

1. Les Tyriens, par leur fierté, avaient irrité contre eux le
grand Sésostris.
2. Qui régnait en Égypte.
3. Et qui avait conquis tant de royaumes.
4. Les richesses, et la force de l'imprenable ville de Tyr,
située dans la mer, avaient enflé le cœur de ces peuples.
5. Qu'ils ont acquises par le commerce.
6. Ils avaient refusé de payer à Sésostris le tribut.
7. Qu'il leur avait imposé en revenant de ses conquêtes.

1	Proposition principale.
Les Tyriens avaient été irritant	{ le roi { grand Sésotris { contre eux { { par fierté { leur
2	Preposition relative, se rapporte à *roi*, jointe à ce mot par le pronom relatif *qui*.
qui était régnant	{ en Égypte
3	Autre proposition relative, se rapporte à *roi*, jointe à ce mot par *qui*, jointe en outre à la précédente par la conjonction *et*.
qui avait été conquérant	{ tant { de royaumes
4	Proposition principale.
Les richesses et la force avaient été enflant	{de la ville {imprenable {de Tyr{situés}dans la mer

5	Prop. relative, se rapporte à *richesses*, jointe à ce mot par le pronom relatif *que*.
Ils ont été acquérant	{ que { par le commerce
6	Proposition principale.
Ils avaient été refusant	} de payer { le tribut { à Sésostris
7	Prop. relative, se rapporte à *tribut*, jointe à ce mot par le pron. relatif *que*.
Il avait été imposant	{ que { leur { en revenant } de conquêtes { ses

Deuxième modèle.

Quand les animaux souffrent, quand ils craignent ou quand ils ont faim, ils poussent des cris plaintifs. Ces cris sont la prière qu'ils adressent à Dieu, et Dieu l'écoute. L'homme serait-il donc dans la création le seul être dont la voix ne dût jamais monter à l'oreille du Créateur?

Décomposition en propositions.

1. Les animaux poussent des cris plaintifs.
2. Quand ils souffrent.
3. Quand ils craignent.
4. Ou quand ils ont faim, gallicisme pour *quand ils sont af-famés*.
5. Ces cris sont la prière.
6. Qu'ils adressent à Dieu.
7. Et Dieu l'écoute.
8. L'homme serait-il dans la création le seul être.
9. Dont la voix ne dût jamais monter à l'oreille du Créateur.

1	Proposition principale.
Les animaux sont poussant	} des cris { plaintifs
2	Proposition subordonnée circonstancielle, unie à la principale par la conjonction *quand*.
Ils sont souffrant	
3	Autre proposition subordonnée circonstancielle, unie à la principale par la conjonction *quand*.
Ils sont craignant	
4	Autre proposition subordonnée circonstancielle, unie à la principale par la conjonction *quand*, jointe en outre à la précédente par la conjonction *ou*.
Ils sont affamés	
5	Proposition principale.
Ces cris sont la prière	
6	Proposition relative, se rapporte à *prière*, jointe à ce mot par le pronom relatif *que*.
Ils sont adressant	} que à Dieu
7	Proposition principale, jointe à la proposition précédente par la conjontion *et*.
Dieu est écoutant	} elle

8	Proposition principale, jointe aux précédentes par la conjonction *donc.*
L'homme *serait-(il)* *l'être*	{ dans la création { seul
9	Proposition relative, se rapporte à *être*, jointe à ce mot par le pronom relatif *dont.*
La voix *fût* *devant monter*	{ ne... jamais }{ à l'oreille { du Créateur.

Troisième modèle.

LA GRENOUILLE QUI VEUT SE FAIRE AUSSI GROSSE QUE LE BŒUF.

Une grenouille vit un bœuf
    Qui lui sembla de belle taille.
Elle qui n'étoit pas grosse en tout comme un œuf,
Envieuse, s'étend, et s'enfle, et se travaille
    Pour égaler l'animal en grosseur ;
      Disant : Regardez bien, ma sœur ;
Est-ce assez ? dites-moi ; n'y suis-je point encore ? —
Nenni. — M'y voici donc ? — Point du tout. — M'y voilà ? —
    Vous n'en approchez point. La chétive pécore
      S'enfla si bien qu'elle creva.

Décomposition en propositions.

1. Une grenouille vit un bœuf.
2. Qui lui sembla de belle taille.
3. Elle, envieuse, s'étend, disant.
4. Et s'enfle.
5. Et se travaille pour égaler l'animal en grosseur.
6. Qui n'était pas grosse en tout comme un œuf.
7. Regardez bien, ma sœur.
8. Est-ce assez.

9. Dites-moi.

10. N'y suis-je point encore (arrivée)?

11. Nenni. Ellipse pour *vous n'y êtes point arrivée.*

12. M'y voici donc. Ellipse pour *j'y suis donc arrivée.*

13. Point du tout. Ellipse pour *vous n'y êtes point arrivée du tout.*

14. *M'y voilà.* Ellipse pour *j'y suis arrivée.*

15. Vous n'en approchez point.

16. La chétive pécore s'enfla si bien.

17. Qu'elle creva.

1	Proposition principale.
Une grenouille fut voyant.	{ un bœuf
2	Proposition relative. se rapporte à *bœuf*, jointe à ce mot par le pronom relatif *qui.*
Qui fut semblant	{ à elle { de bonne taille
3	Proposition principale.
(Elle) est étendant	{ envieuse { (en) disant { soi
4	Proposition principale, unie à la proposition précédente par la conjonction *et.*
(Elle) est enflant	{ soi
5	Proposition principale, unie à la précédente par la conjonction *et.*
(Elle) est travaillant	{ soi { pour égaler { l'animal { en grosseur

6	Proposition relative, se rapporte à *elle*, jointe à ce mot par le pronom relatif *qui*.
Qui *était* *grosse*	ne... pas en tout comme un œuf
7	Proposition principale.
(Vous) *soyez* *regardant*	ma sœur bien
8	Proposition principale.
Ce *est-(il)* *assez*	
9	Proposition principale.
(Vous) *soyez* *disant*	à moi
10	Proposition principale.
Je *suis* *(arrivée)*	ne... point y encore
11	Proposition principale.
Vous *êtes* *arrivée*	ne... pas

12	Proposition principale.
Je suis arrivée	{ donc
13	Proposition principale.
Vous êtes arrivée	{ ne... point { du tout
14	Proposition principale.
Je suis arrivée	
15	Proposition principale.
Vous êtes approchant	{ ne... point { en
16	Proposition principale.
La pécore fut enflant	{ chétive { si bien { soi
17	Proposition subordonnée complétive, jointe à la principale par la conjonction *que*.
Elle fut crevant.	

Premier exercice (récapitulation générale).

L'INDOUSTAN.

(L'élève analysera les phrases conformément aux modèles précédents.)

L'Indoustan est une vaste contrée, qui est la plus peuplée du monde après l'empire chinois ; elle renferme environ 134 millions d'habitants. Elle est habitée par un peuple plein d'industrie, mais qui est livré en grande partie à l'idolâtrie et au fanatisme le plus absurde. La population indoue est partagée en castes ou catégories, qui n'ont entre elles que des rapports extérieurs et ne se mêlent jamais entre elles, car on regarde comme un crime de s'allier avec une autre caste que la sienne.

Les brahmines, ou prêtres, forment la première de ces castes. Les malheureux nommés parias appartiennent à la dernière. Ils sont chargés de la culture des terres, ils soignent les troupeaux, et accomplissent tous les travaux pénibles et rebutants. Ils n'ont point de domicile ; ils sont toujours vagabonds dans les campagnes, car ils n'ont pas le droit d'entrer dans les villes. C'est un opprobre que (1) de les fréquenter, et celui qui les a approchés de trop près, doit aussitôt se purifier. Un homme qui rencontre un paria lui crie de s'éloigner ; s'il refuse, il peut le tuer.

Les Indiens idolâtres croient à la métempsycose ; et la vie des animaux est sacrée pour eux. La vache surtout est très-respectée, et sa mort est punie tout comme le meurtre d'un homme. La fête la plus remarquable est celle du Gange, qui est le principal fleuve de l'Indoustan. Les Indous sont persuadés qu'en se baignant dans ses eaux on est purifié de toute souillure. Une classe particulière est celle des faquirs, qui, sans cesse errants dans la contrée, y mènent une vie contemplative en apparence, et en réalité vivent d'aumônes et souvent de brigandages.

Deuxième exercice.

ACTIVITÉ DES GRANDS HOMMES.

Denys le tyran, qui fut aussi administrateur, général et

(1) *Gallicismes*, § 14.

poëte, n'eût rien été dans sa turbulente et indisciplinable patrie, s'il n'eût été aussi actif et entreprenant. Un roi de Macédoine, dans une orgie avec le jeune Denys, qui fut l'ignoble fils d'un illustre père, lui disait : Mais quel temps votre père a-t-[il] trouvé pour composer tant de poésies? Le temps que vous et moi passons à boire, répondit le prince détrôné.

Aristote, qui fut le prince des philosophes de l'antiquité, et dont la tête embrassa l'universalité des connaissances humaines, s'occupait sans cesse, mangeait peu et dormait encore moins. Pour ne pas succomber à l'accablement du sommeil, il étendait hors du lit une de ses mains dans laquelle il tenait une boule de cuivre, afin que le bruit qu'elle ferait en tombant dans un bassin de métal le réveillât.

César avait une prodigieuse activité; il sut, étant encore tout jeune, acquérir tant d'influence, que, devenu homme, il put user de cette influence pour faire de grandes actions. Personne ne connaissait les hommes et les choses mieux qu'il ne les connaissait lui-même, et personne ne savait mieux que lui saisir l'enchaînement des faits. Il savait commander avec un tact extrême, mais personne moins que lui ne croyait que chose dite est chose faite. Autant que possible il faisait tout par lui-même et dictait jusqu'à quatre lettres en même temps.

Troisième exercice.

GRANDEUR D'AME DE CORNÉLIE.

Je trouve dans l'histoire des Romains un exemple qui nous enseigne où une belle âme met son orgueil. La célèbre Cornélie, laquelle était fille du grand Scipion et fut la mère des Gracques, appartenait à une illustre famille. Personne ne pouvait contester qu'elle ne l'emportât sur les autres dames romaines par ses richesses et sa beauté, pourtant personne n'appréhendait autant qu'elle qu'il y eût quelque chose de blâmable dans sa conduite ou ses paroles.

Un jour, une dame de ses amies vint la voir, et logeant

chez elle, elle s'imagina qu'elle ne serait point considérée tant que l'on n'aurait pas apprécié la pompe et la richesse des ajustements qu'elle avait apportés. A peine arrivée, elle étale son or, ses bijoux, ses tuniques, les vantant elle-même de peur qu'on ne les estimât au-dessous de leur valeur réelle; puis elle demanda à Cornélie à voir ses toilettes ajoutant qu'elle ne doutait pas de leur supériorité sur celles d'une pauvre provinciale.

Cornélie fit durer la conversation jusqu'au retour de ses enfants, qui allaient aux écoles publiques, et dès qu'ils furent rentrés; voilà (1), dit-elle, les attirant auprès d'elle, voilà ma parure et mes bijoux; je ne m'en permets point d'autres, de crainte qu'une seule pensée étrangère vienne me détourner de mon devoir.

Demandons-nous maintenant ce que nous pensons au sujet de ces deux dames romaines, et nul de nous ne contestera combien la noble simplicité de l'une l'emporte sur la vaine magnificence de l'autre.

Quatrième exercice.

SIMPLICITÉ DE PHILOPÉMEN.

Craignez, en jugeant un homme sur ses habits et son extérieur, de vous tromper souvent, car l'on ne peut disconvenir que Dieu ne pouvait mieux dégrader ces dons extérieurs, qui font souvent l'objet de nos vœux, qu'en les accordant, comme il le fait fréquemment, à des misérables, et en les refusant à un grand nombre de gens de bien. Prenez garde surtout qu'il ne vous arrive une méprise pareille à celle dont Philopémen, qui fut un grand général chez les Grecs, se trouva un jour victime.

Il était toujours fort simple dans sa mise, et marchait sans gardes et sans cortége. Un jour il se rendit, pour y dîner, dans la maison d'un ami, ne doutant pas qu'il n'y fût bien accueilli. Mais l'ami était absent. La maîtresse du logis, qui attendait le général des Achéens, et qui ne comprenait point que, lui qui occupait une si haute position, pût marcher sans qu'une garde nombreuse l'accom-

(1) *Voilà*, analysez *voyez là*.

pagnât partout, le prit pour un domestique, et, de peur que le dîner ne fût en retard, le pria de vouloir bien l'aider.

Philopémen, sans difficulté, ôta son habit, et sans craindre de compromettre sa dignité, se mit à fendre du bois. Sur ces entrefaites, le mari survint, et, dans la surprise que lui causa un tel spectacle, s'écria : Qu'est-ce donc? Philopémen! Que veut dire ceci? Ne t'étonne point ainsi, répondit Philopémen, je paie en ce moment l'intérêt de ma mauvaise mine.

Cinquième exercice.

LE PRINCE ET LES BOSSUS.

Certains hommes ont assez peu de raisons pour tirer vanité de la bonté de leur cheval, du panache qu'ils portent, ou du luxe de leurs vêtements, et pourtant la gloire qu'il peut y avoir en tout cela n'est-elle pas pour le cheval, l'oiseau ou le tailleur? Il en est d'autres qui se montrent fiers d'une jolie figure ou d'une taille avantageuse, sans penser qu'il ne nous appartient pas d'être à notre guise beaux ou laids; tout nous vient de Dieu. Du reste, l'apologue suivant va nous apprendre ce que sont la beauté et les autres avantages extérieurs.

Chez un peuple de bossus passe un jour un prince jeune, bien fait et beau. Entré dans la capitale, il ne put faire un pas sans être à l'instant entouré d'une multitude d'habitants auxquels sa figure et sa taille paraissaient aussi extraordinaires que ridicules, et qui ne se gênèrent pas pour lui témoigner leur étonnement et leur mépris.

Il craignit même un instant qu'on ne portât l'insulte plus loin, quand enfin un bossu, qui par bonheur était plus sensé que les autres, s'écria : Mes amis, n'insultez pas ainsi un malheureux contrefait, ce n'est point sa faute s'il n'a pas comme nous une superbe montagne de chair sur le dos; et si le ciel nous a accordé le don de la beauté, craignons de nous laisser ainsi aller à trop d'orgueil. Plaignons plutôt cet infortuné, et allons remercier le Créateur de ce qu'il a daigné nous faire un peu mieux que lui.

Sixième exercice.

UNE MAUVAISE NUIT.

Voulez-vous que je vous raconte une aventure assez comique qui signala notre dernier voyage en Calabre ? J'ai eu, ce jour, ou plutôt cette nuit-là, une peur dont je me souviendrai longtemps.

Je voyageais avec un ami, qui narguait le danger et la peur, et faisait volontiers parade de ses prouesses ou de sa valise bien garnie. La nuit était venue, lorsque nous nous aperçûmes que nous avions perdu notre chemin, et après l'avoir vainement cherché pendant trois mortelles heures, nous nous estimâmes bien heureux de rencontrer une cabane de charbonnier, où l'on nous promit un souper et un lit.

Dès que nous y fûmes entrés, je me crus tombé dans une caverne de brigands, je ne voyais de tous côtés que fusils, pistolets et coutelas, et des figures à faire peur, qui nous dévisageaient en grommelant. Fais attention, dis-je à mon ami ; retiens ta langue ou nous sommes des gens perdus. Rappelle-toi la lettre que je te lisais hier, et ce qu'on y raconte de l'animosité des Calabrais contre les Français, surtout aie soin de cacher ta valise. Mais je perdais ma peine. On se mit à table, et il se hâte de raconter qui nous sommes, d'où nous venons ; il dit qu'il emporte 25,000 francs dans sa valise, que nous sommes chargés par le gouvernement d'une importante mission. Moi j'étais mort de peur, et je le suivis en victime résignée dans la chambre où nous devions passer la nuit.

Septième exercice.

(SUITE.)

Il s'allongea sur son lit, et ronfla bientôt comme un sourd. Moi je m'assis au coin du feu, et je repassai dans ma tête les terribles événements de cette nuit. Tout à coup, au travers des fentes de la cloison, j'entendis le charbonnier qui disait à sa femme : — Les tuerai-je tous les deux ? — Oui, tue-les, dit la femme. — Notre sort est fixé maintenant, me dis-je ; on va venir (1), on va nous tuer, s'emparer de notre argent. L'occasion est trop belle, ces gens-là ne la laisseront pas échapper ; et votre babillarde de langue, Monsieur mon ami, est la cause qui nous attire ce désagréable accident. — Je les entends qui montent : je ne sais où fuir, où me cacher ; je me tiens coi sur mon escabeau, et j'attends la mort avec résignation.

Le mari entre à pas de loup ; il tient un grand couteau à la main. — Va doucement, lui dit sa femme, je t'attends ici. — Donne la lumière, répond le mari ; dans un instant ce sera fait. — Le misérable s'avance vers mon pauvre ami qui ronflait toujours, il lève le bras, et coupe une large tranche d'un jambon qui pendait au-dessus du lit.

Le lendemain, au moment où nous partions, on nous chargea de provisions, et l'on nous donna deux poulets froids, qui m'expliquèrent ces mots : — tue-les tous les deux, — qui m'avaient tant effrayé.

Huitième exercice.

LE BERRY.

La partie sud-est du Berry renferme quelques lieues d'un pays singulièrement pittoresque. La grande route qui le traverse, et se dirige vers Clermont, étant bordée des terres les plus habitées, le voyageur ne peut guère soupçonner la beauté des sites qui l'avoisinent. Mais le touriste qui, cherchant l'ombre et le silence, ne craint pas de s'enfoncer dans un de ces chemins tortueux et encaissés qui débouchent sur la route à chaque instant, ne tarde pas à découvrir de frais et calmes paysages, et toute une nature suave, naïve et pastorale.

En vain il chercherait dans le rayon de plusieurs lieues une maison d'ardoises et de moellons. A peine une mince fumée bleue, venant à tremblotter derrière le feuillage, lui permet-elle de croire au voisinage de l'homme ; et si le hasard lui fait apercevoir, derrière les noyers de la colline, la flèche d'une petite église, au bout de quelques pas

(1) *Gallicismes,* § 12.

découvre un campanile de tuiles que rongent la mousse
la giroflée sauvage, puis douze maisonnettes éparses
entourent leurs vergers et leur chénevières; un ruis-
au avec son pont, formé de trois soliveaux ; quatre or-
aux en quinconce, qui permettent à la jeunesse de dan-
à l'abri le dimanche, puis enfin une tour ruinée, qui
te seule en souvenir des temps passés, c'est ce que l'on
elle un bourg dans le pays.

Neuvième exercice.

INCENDIE DE MOSCOU.

'embrasement, qui poursuivait rapidement ses ra-
es, eut bientôt atteint les plus beaux quartiers de la
e. En un instant tous ces palais, dont nous avions ad-
é l'élégante architecture et l'ameublement somptueux,
nt consumés par la violence des flammes. Leurs su-
bes frontons que leur colonnes calcinées ne soutenaient
s, tombaient avec fracas. Les églises, dont une couver-
de plomb formait la toiture, brûlaient de tous côtés et
aient autour d'elles des torrents de métal brûlant.
es hôpitaux, qui renfermaient plus de vingt mille ma-
s ou blessés, ne tardèrent pas à être incendiés. Le
istre qui s'ensuivit révoltait l'âme et la glaçait d'ef-
Le feu était au Kremlin ; mais Napoléon, qui se voyait
n maître du palais des tzars, s'opiniâtrait à ne pas cé-
sa conquête, et voulait lutter même contre l'incendie.
d à nos sollicitations, car tous les officiers s'étaient
is autour de lui, il ne se décida à fuir que quand il
u par lui-même que le péril était imminent et sans
de.
descendit rapidement cet escalier du nord, que ren-
élèbre le massacre des Strélitz. Mais les flammes, qui
aient toutes les issues de la citadelle, nous entou-
t d'un océan de feu, et repoussèrent les premières
es qui furent tentées. Après quelques tâtonnements,
couvrit enfin une poterne encore libre, qui donnait
a Moskowa. Ce fut par cet étroit passage que Napo-
ses officiers et la garde qui l'accompagnait parvin-
à s'échapper.

ALYSE GRAM.　　　　　　　　　　　　7

FIGURES DE CONSTRUCTION

On appelle *figures de construction* certaines constructions qui s'écartent de l'arrangement ordinaire.

Il y a quatre figures de constrution : *l'inversion*, *l'ellipse*, le *pléonasme*, la *syllepse*.

De l'inversion. — L'inversion consiste à changer l'ordre grammatical des mots d'une proposition.

Par l'inversion.

1° le sujet est après le verbe.

Ex. : Là s'élevait *un arbre majestueux*.
Modérez-vous, répondit *le vieillard*.

2° Le complément d'un nom le précède au lieu de le suivre.

Ex. :   Sitôt que *de ce jour*
La trompette sacrée annonçait le retour.

3° Le complément d'un adjectif se place avant l'adjectif.

Ex. : *A tous les cœurs bien nés* que la patrie est chère !

4° Le complément direct ou indirect peut se trouver à la tête de la phrase.

Plume, encrier, papier, il a tout perdu.
A cette question il ne répondit rien.

De l'ellipse. — L'ellipse est la suppression d'un ou de plusieurs mots dont la construction grammaticale aurait besoin.

Ex. : Où allez-vous? *à Paris.* — C'est-à-dire *Je vais à Paris.*
Qui a mangé cette pomme? *moi.* — C'est-à-dire *J'ai mangé cette pomme.*
Voyagez-vous quelquefois? *Jamais.* — C'est-à-dire *Je ne voyage jamais.*

Du pléonasme. — Le pléonasme est le contraire de l'ellipse; il consiste dans l'emploi de mots qui grammaticalement paraissent superflus, mais qui donnent à la phrase plus de grâce ou d'énergie.

> Ex. : Votre père est-*il* parti?
> Je *la* vois, cette mère chérie.
> Et que me fait *à moi*, cette Troie où je cours?

Dans le premier exemple, le sujet est répété; dans le second, c'est le complément direct *la*; dans le troisième, c'est le complément indirect *à moi*.

De la syllepse. — La syllepse consiste à faire accorder un mot non pas avec celui auquel il se rapporte grammaticalement, mais avec celui que l'esprit a en vue.

> Ex. : On n'est pas toujours *jolie*.

Jolie ne s'accorde pas avec *on*, qui est du masculin et du singulier, mais avec le mot *femme*, auquel on songe.

> Une multitude d'oiseaux *voltigeaient* dans le bocage.

Voltigeaient ne s'accorde pas avec le sujet *multitude*, mais avec *oiseaux*, mot qui est dans la pensée.

Pour l'analyse des figures de construction, il faut rétablir la phrase grammaticalement, et procéder comme on l'a fait précédemment.

Premier exercice.

UN BEAU JOUR D'HIVER.

L'hiver a ses beautés. Que j'aime et des frimas
L'éclatante blancheur et la glace brillante
En lustres azurés à ces roches pendantes!
Et quel plaisir encor, lorsque échappé dans l'air,
Un rayon de printemps vient embellir l'hiver;
Et, tel qu'un doux souris qui naît parmi les larmes,
A la campagne en deuil rend un moment ses charmes!
Qu'on goûte avec transport cette faveur des cieux!
Quel beau jour peut valoir ce rayon précieux,
Qui, du moins un moment, console la nature?
Et, si mon œil rencontre un reste de verdure,
Dans les champs dépouillés combien j'aime à le voir!
Au plus doux souvenir il mêle un doux espoir;

Et je jouis, malgré la froidure cruelle,
Des beaux jours qu'il promet, des beaux jours qu'il rappelle.

Deuxième exercice.

L'ENFANT ET LE NID DE FAUVETTE.

Je le tiens, ce nid de fauvette!
Ils sont deux, trois, quatre petits!
Depuis si longtemps je vous guette;
Pauvres oiseaux, vous voilà pris.

Criez, sifflez, petits rebelles;
Débattez-vous; oh! c'est en vain;
Vous n'avez pas encore d'ailes :
Comment vous sauver de ma main?

Mais quoi! n'entends-je point la mère
Qui pousse des cris douloureux?
Oui, je le vois; oui, c'est leur père
Qui vient voltiger auprès d'eux.

Ah! pourrais-je causer leur peine,
Moi qui, l'été, dans les vallons,
Venais m'endormir sous un chêne
Au bruit de leurs douces chansons!

Hélas! si du sein de ma mère
Un méchant venait me ravir,
Je le sens bien, dans sa misère,
Elle n'aurait plus qu'à mourir.

Et je serais assez barbare
Pour vous arracher vos enfants?
Non, non, que rien ne vous sépare;
Non, les voici, je vous les rends.

Apprenez-leur, dans le bocage,
A voltiger auprès de vous;
Qu'ils écoutent votre ramage
Pour former des sons aussi doux.

Et moi dans la saison prochaine,
Je reviendrai dans ces vallons
Dormir quelquefois sous un chêne
Au bruit de leurs jeunes chansons.

Troisième exercice.

LE LOUP ET LE CHIEN.

Un loup n'avait que les os et la peau
 Tant les chiens faisaient bonne garde :
Ce loup rencontre un dogue aussi puissant que beau,
Gras, poli, qui s'était fourvoyé par mégarde.
 L'attaquer, le mettre en quartiers,
 Sire loup l'eût fait volontiers :
 Mais il fallait livrer bataille ;
 Et le mâtin était de taille
 A se défendre hardiment.
 Le loup donc l'aborde humblement.
Entre en propos, et lui fait compliment
 Sur son embonpoint qu'il admire.
 Il ne tiendra qu'à vous, beau sire,
D'être aussi gras que moi, lui répartit le chien.
 Quittez les bois, vous ferez bien :
 Vos pareils y sont misérables,
 Cancres, hères, et pauvres diables,
Dont la condition est de mourir de faim.

Quatrième exercice.

SUITE DU PRÉCÉDENT.

Car, quoi ! rien d'assuré ! point de franche lippée !
 Tout à la pointe de l'épée !
Suivez-moi, vous aurez un bien meilleur destin.
 Le loup reprit : Que me faudra-t-il faire ?
Presque rien, dit le chien : donner la chasse aux gens
 Portant bâtons, et mendiants ;
Flatter ceux du logis, à son maître complaire :
 Moyennant quoi votre salaire
Sera force reliefs de toutes les façons,
 Os de poulets, os de pigeons ;
 Sans parler de mainte caresse.
Le loup déjà se forge une félicité.
 Qui le fait pleurer de tendresse.
Chemin faisant, il vit le col du chien pelé.

Qu'est-ce là? lui dit-il. — Rien. — Quoi! rien! — Peu de
Mais encor? — Le collier dont je suis attaché   [chose.—
De ce que vous voyez est peut-être la cause.
Attaché! dit le loup : vous ne courez donc pas
    Où vous voulez? — Pas toujours; mais qu'importe? —
Il importe si bien, que de tous vos repas,
    Je ne veux en aucune sorte,
Et ne voudrois pas même à ce prix un trésor.
Cela dit, maître loup s'enfuit, et court encor.

Cinquième exercice.

Monsieur le médecin est-il ici? — Oui, que lui voulez-
vous? — Lui dire seulement deux mots. — Que souhaitez-
vous de moi? — Monsieur le médecin, vous saurez que
ma maîtresse a perdu un petit chien qu'elle aime si éper-
dument qu'elle s'en désespère, et qu'elle en met la faute
sur moi. Or, comme on m'a dit que vous saviez tout, l'art
de deviner comme la médecine..... — Je suis aussi savant
en l'un comme en l'autre. — C'est ce qui me fait venir
ici pour vous prier, en payant, de m'en dire quelques
nouvelles. — Combien y a-t-il de jours qu'il est perdu?
— Deux jours. — A quelle heure? — Sur les onze heures
du matin. — De quel poil est-il? — Blanc et noir. —
C'est assez. — Oh, le brave homme! il va nous dire des
nouvelles de notre petit chien. — Ecoutez, il y a deux
jours? — Oui. — Sur les onze heures? — Oui. — Blanc et
noir? — Oui. — Prenez des pilules. — Des pilules? —
Oui. — Mais cela fera-t-il trouver le chien? — Oui. —
Mais encore de quelles pilules? — Des premières venues
de chez l'apothicaire. Mais il ne faut pas tant raisonner,
faites seulement ce que je vous dis. — Combien en faut-il
prendre? — Trois. — C'est assez; si je trouve mon chien
par ce moyen, je vous donnerai bien des pratiques. — Si
vous ne le retrouvez pas, ce ne sera pas la faute du remède. — Je vous crois; adieu, monsieur. — Adieu.

DES GALLICISMES.

On entend par *gallicismes* certaines tournures propres à la langue française, et qui, bien que contraires aux règles ordinaires de la grammaire, sont néanmoins autorisées par l'usage.

Nous allons donner l'explication des principaux gallicismes, en rétablissant le véritable sens des phrases. Pour analyser ces locutions, et autres du même genre, l'élève n'aura donc qu'à les décomposer, ainsi que nous l'indiquons.

Les verbes impersonnels donnent lieu à un grand nombre de gallicismes.

Verbes impersonnels.

1. Il PLEUT DES PIERRES. — Tout verbe impersonnel ou employé comme tel ne peut avoir de complément direct. Si ce verbe est suivi d'un mot, comme dans : il tombe *du givre*, *du givre* n'est pas un complément direct ; c'est simplement un mot qui donne au sujet vague *il* un sens plus précis et plus déterminé ; c'est comme s'il y avait : *il (du givre) tombe*.

Ex. : *Il pleut des pierres* (il, *des pierres*, est pleuvant).

2. Il EST BEAU. — L'impersonnel *il est, il était*, est suivi soit d'un infinitif, soit d'une proposition ; l'infinitif ou la proposition forment le sujet.

Ex. : *Il est beau de mourir pour sa patrie* (cela, *de mourir pour sa patrie*, est beau).

Il est honteux que vous soyez si paresseux (cela, que vous soyez si paresseux, *est honteux*).

Il est des lois (cela, *des lois*, est).

3. Il Y A. — Quelquefois l'impersonnel *il est* est remplacé par *il y a*. Pour en rendre compte il faut ramener *il y a* à la valeur du verbe *être*, dont il est l'équivalent. Ce gallicisme est d'un emploi très-fréquent.

Ex. : *Il y a de la honte à mentir (mentir est honteux).*
Il y a des hommes (des hommes sont).
Il y a cinq ans que je vous connais (cinq ans sont de-
puis que je vous connais).

4. IL FAIT BEAU. — *Faire* suivi d'un adjectif sert à exprimer les divers états de la température : il équivaut au
verbe *être*, et l'adjectif est l'attribut du mot *temps* repré-
senté par le sujet vague *il*.

Ex. : *Il fait beau (le temps est beau).*
Il fait froid (le temps est froid).

Dans le même sens, le verbe *faire* est aussi suivi d'un
substantif.

Ex. : *Il fait* du vent (cela, du vent, est).
Il fait de l'orage (cela, de l'orage, est).
Il fait jour (cela, jour, est).
Il fait nuit (cela, nuit, est).

Le verbe *faire* donne encore lieu aux locutions *c'est fait,*
c'en est fait, qui expriment l'accomplissement définitif
d'une chose.

Ex. : *C'est fait* de son bonheur (cela, la chose de son bonheur,
est faite, finie).
C'en est fait de ma tranquillité (cela, la chose de ma
tranquillité, est faite, emportée loin de moi).

On dit encore :

Ex. : *Il fait cher vivre en cet endroit (vivre en cet endroit est*
cher).
Il fait bon s'arrêter ici (s'arrêter ici est bon).

5. IL ME TARDE DE. — *Il me tarde de* vous voir (ceci, de
vous voir, *me tarde*).

6. IL S'EN FAUT. — *Il s'en faut de beaucoup* que je sois
content (ceci, que je sois content, *s'en manque de beau-*
coup).

7. PEU S'EN FALLUT *qu'il ne mourût* (ceci, qu'il mourût,
s'en manqua de peu).

8. IL Y VA DE. — *Il y va de* ma gloire, il faut que je me
venge (ceci, le salut de ma gloire, *y va*, que je me venge).

9. IL TIENT A MOI QUE. — *Il tient à moi que* vous soyez

heureux (*ceci*, que vous soyez heureux, *tient à moi*, dépend de moi).

10. IL VA SANS DIRE QUE. — *Il va sans dire que* vous resterez à dîner (*ceci*, vous resterez à dîner, se fera sans qu'il soit besoin de le dire).

Gallicismes formés avec certains verbes.

11. AVOIR FAIM. — Le verbe *avoir* est souvent employé pour exprimer l'idée de possession appliquée à des choses qui, à proprement parler, semblent ne pas pouvoir être possédées. Ces locutions équivalent au verbe *être* suivi d'un adjectif.

Ex. : *J'ai faim.*   *J'ai peur.*
     J'ai soif.   *J'ai tort.*
     J'ai honte.   *J'ai raison.*

12. ALLER, VENIR. — Ces deux verbes jouent souvent en français le rôle d'auxiliaires. Ils perdent tous deux leur sens propre pour désigner : *aller*, une action qui va avoir lieu prochainement; *venir*, une action accomplie tout récemment.

Ex. : Nous *allons* partir (nous sommes devant partir).
     Je *viens* de le voir (je suis l'ayant vu à l'instant).
     N'*allez* pas le trahir (ne soyez pas le trahissant).

13. LAISSER DE. — Cette locution s'explique par le rétablissement d'une idée intermédiaire.

Ex. : *Il ne laisse pas* de m'en vouloir (il ne laisse pas *de côté le fait* de m'en vouloir).

On dit aussi dans le même sens *ne pas laisser que de.*

Ex. : Il ne laisse pas que de me contredire (il ne laisse pas *de côté que le fait* de me contredire).

Gallicismes formés avec CE.

14. *Ce*, employé seul, ou placé devant le verbe *être*, forme un gallicisme très-usité. Il sera facile de s'en rendre compte en sachant que *ce, c'est, ce sont, ce furent*, etc. sont explétifs, c'est-à-dire qu'ils ne sont pas indispensa-

7.

bles au sens de la phrase ; ils servent à appeler l'attention sur le mot qui suit le verbe *être*.

Il en est de même de *c'est.... que, ce furent.... qui*, etc.

Dans l'analyse on supprimera ces mots.

> Ex. : Le plus beau des biens [c']est la vertu (la vertu est le plus beau des biens).
>
> Ce qui me réjouit, [c']est la santé de mon père (la santé de mon père est ce qui me réjouit).
>
> [C']est à vous de parler (parler est à vous).
>
> [Ce furent] les Français [qui] assiégèrent la place (les Français assiégèrent la place).
>
> [C'est] nous [qu']on accuse (on accuse nous).
>
> [C'est] là [que] je vais (je vais là).
>
> Si j'ai commis cette faute, [ce] n'est pas à dire pour cela [que] je mérite un châtiment sévère (si j'ai commis cette faute, je mérite un châtiment sévère n'est pas à dire pour cela).

Les mêmes mots, *c'est, c'était, ce fut*, etc., servent pour les interrogations. On rétablit les trois termes de la proposition de la manière qui vient d'être indiquée.

> Ex. : [Est-ce] vous [qui] parlez? (parlez-vous?)
>
> Qui [est-ce qui] rit? (qui rit?)
>
> Qu'est-[ce que] la géographie? (qu'est la géographie?)

Locutions diverses.

15. Quelques gallicismes ne peuvent s'expliquer qu'en rétablissant les mots sous-entendus.

> Ex. : *Pas d'argent, pas de Suisse* (si l'argent *n'est* pas, le Suisse ne *sera* pas).

16. N'ÉTAIT QUE. — *N'était que* je suis de vos amis (*si ce n'était que* je suis de vos amis.)

17. SI J'ÉTAIS QUE DE VOUS. — *Si j'étais que de vous*, je partirais sur-le-champ (si j'étais *dans la même position que celle de vous*).

18. Qui répété. — Nous payâmes tous, *qui* plus, *qui* moins (nous payâmes tous, *ceux-ci payèrent plus, ceux-là payèrent moins*).

19. Quand même. — Je sortirai *quand même* (je sortirai *quand même on voudrait m'empêcher*).

20. De suivi d'un infinitif :

> Et grenouilles *de se plaindre*,
> Et Jupin *de leur dire*.
> (et Jupin *se mit à leur dire*.)

Infinitif seul :

> Vous, *tenir* ce langage (vous, *vous osez* tenir ce langage !)

21. Plutôt mourir que de se rendre (*il vaut mieux mourir* que de se rendre).

22. A qui mieux mieux. — Ils travaillent *à qui mieux mieux* (*à qui travaillera mieux qu'un autre qui travaille de son mieux*).

23. Que je sache. — Il n'est pas venu *que je sache* (il n'est pas venu, *du moins ce n'est pas une chose, que je sache*).

Quant à l'expression *je ne sache pas*, elle sert à exprimer une opinion avec réserve, avec une sorte de doute, et c'est ce qui explique l'emploi du mode subjonctif ; voilà pourquoi on ne fait pas usage de cette locution dans une phrase négative.

Il en est de même de *je ne saurais*. Ces deux expressions, *je ne saurais, je ne sache pas*, atténuent la force de l'affirmation et ôtent ce que pourrait avoir de trop décisif et de trop absolu le mode indicatif *je ne sais pas*.

24. Coute que coute. — Nous voulons en finir, *coûte que coûte* (*que cela coûte tout ce que cela coûtera*).

25. Vaille que vaille.

> Enfin, *vaille que vaille*.
> J'aurais sur le marché fort bien fourni la paille.

(*Quelle que fût la valeur de la paille*, je l'aurais fournie).

Premier exercice sur les gallicismes.

(Analyser les phrases suivantes, indiquer les gallicismes, et les rétablir
dans l'état grammatical.)

J'ai une belle forêt ; il y a quelque temps, un jour ou
plutôt un soir, j'y allai pour tirer un lapin. Je ne suis pas
méchant, que je sache ; aussi je n'aime pas beaucoup la
chasse, et n'était que ce jour-là je m'ennuyais fort, je
crois que les lapins eussent passé une nuit fort calme.
Il faisait beau, de jeunes lapereaux me passaient sous le
nez, paraissaient, disparaissaient à qui mieux mieux,
mais toujours si vite que je n'avais pas le temps de lâcher
mon coup. Un ancien, d'un poil un peu gris, d'une allure
plus posée, parut tout à coup au bord de son terrier.
Après avoir fait sa toilette tout à son aise (car c'est de là
qu'on dit propre comme un lapin), voyant que je le tenais
au bout de mon fusil : — Tire donc, me dit-il, qu'attends-
tu ? — Oh ! peu s'en fallut, je vous assure, que je ne tom-
basse à la renverse d'étonnement.... Je n'avais tiré qu'à
la guerre sur des animaux qui parlent. — Moi tirer, lui
dis-je, je n'en ferai rien, tu es sorcier ou que je meure.
— Grand merci de ta générosité, me répondit-il, car il ne
tenait qu'à toi de me tuer. Mais je ne suis pas sorcier, je
suis un vieux lapin de La Fontaine.—Oh ! pour le coup, je
tombai de mon haut. Je me mis à ses petits pieds, je lui
demandai mille pardons, lui représentai que c'était mal
à lui de s'exposer ainsi..., car enfin d'où vous vient
donc cet ennui de vivre ? — Est-ce que vous n'avez pas le
même thym, le même serpolet ? — Oui, mais ce ne sont
plus les mêmes gens. Si tu savais avec qui je suis obligé
de passer ma vie. Hélas ! ce ne sont plus là les bêtes de
mon temps, il s'en faut de beaucoup. Il me tarde de quitter ces lapins musqués, qui vont chercher des fleurs, qui
veulent se nourrir qui de rose, qui de jasmin, quand une
bonne feuille de chou nous suffisait autrefois. Il est triste
de passer sa vie avec des géomètres, des philosophes, des
politiques ; que sais-je ? L'un parle allemand, l'autre un

français dont je ne comprends goutte : il pleut ici des langues et des inventions nouvelles. Les bêtes d'aujourd'hui ont tant d'esprit ! Enfin ce qui t'étonnera, c'est qu'à force d'en avoir, elles en ont si peu, que notre vieil âne en avait davantage que les singes de ce temps-ci..... Il me promit ensuite de me dire ce qu'il disait à La Fontaine et de me mener chez ses vieux amis. Je viens de les voir. La grenouille n'était pas tout à fait morte, et je ne sache pas qu'il y ait d'animal plus modeste en la comparant à ceux d'aujourd'hui. Ses cigales chantaient mieux que nos rossignols ; ses loups valaient mieux que nos moutons. Adieu, petit lapin, je vais retourner dans mes bois, à mes champs, à mon verger. J'élèverai une statue à La Fontaine, et je passerai ma vie avec les hôtes de ce bonhomme.

Deuxième exercice sur les gallicismes.

Un jeune renard plein d'orgueil et de confiance voulut un jour quitter son logis souterrain : — Au diable, dit-il, ce vilain trou noir, il y fait toujours nuit, froid et humide ; c'en est fait de ma gaieté, si j'y demeure davantage ; ce qui me plaît, c'est le grand air, le soleil, l'herbe verte et fleurie ; plutôt mourir que de continuer à vivre ainsi sous terre. Coûte que coûte : je vais me bâtir une maison ; voyons, l'endroit me plaît, il y fait chaud, point de vent, c'est ici que j'établis mon nouveau domicile. — Notre renard se met aussitôt à l'ouvrage. Une fourmi vient à passer, et le voyant à l'œuvre : — Que fais-tu là ? lui demanda-t-elle. — Je veux me bâtir une maison de plaisance, ma caverne ne me convient plus. — Et pour quel motif ? est-ce qu'elle ne t'offre pas assez de sûreté ? — Il y a peu de cavernes à vingt lieues à la ronde qui soient aussi sûres que celle-ci ; mais ce qui me déplaît, c'est qu'elle est sombre et triste ; il est des esprits, vois-tu, ma pauvre petite, à qui il faut l'air et le soleil, ou c'en est fait d'eux. — Si j'étais que de toi, je me garderais bien de quitter ainsi un abri assuré ; il y va de ta vie à ce que tu entreprends là. Si les paysans te découvrent, te cernent, te prennent, que te servira la beauté de ta nouvelle demeure ! — Il va sans dire que dans ce cas-là je n'oublierai pas les ruses que la nature m'a enseignées ; j'ai dans ma tête de quoi me tirer d'affaire ; et puis, en définitive, de quoi te mêles-tu ? Vraiment, je vous trouve bien hardie, faible et misérable créature, est-ce que je vous ai demandé des conseils ? C'est plutôt à vous d'en demander aux renards. — Et la fourmi de lui dire en hochant la tête : — Penserais-tu donc que la prudence ne peut exister que dans de grands corps. Il n'y a pas de honte à écouter plus petit que soi. Mais on voit bien que tu es jeune, puisque tu refuses d'entendre ce que tout être sensé ne refuse jamais, un conseil amical. — Cela dit, elle laissa là l'orgueilleux renard, qui ne tarda pas à se repentir de son entêtement et de sa présomption. Le maître du champ, surpris d'y voir élever une habitation, voulut en connaître l'architecte ; lorsqu'il eut reconnu le renard, il rassembla tous ses gens, on cerna sa demeure, et notre renard eut beau mettre en œuvre toutes ses ruses sur lesquelles il fondait tant de confiance, il n'en mourut pas moins sous le bâton ; sa fourrure servit à faire un bonnet à son meurtrier. Il fait cher mépriser les conseils de l'expérience.

MODÈLES D'ANALYSE.

Premier modèle.

Aristote, qui fut le prince des philosophes de l'antiquité, s'occupait sans cesse. Pour ne pas succomber à l'accablement du sommeil, il étendait hors du lit une de ses mains, dans laquelle il tenait une boule de cuivre, afin que le bruit qu'elle ferait en tombant dans un bassin de cristal, le réveillât.

Décomposition en propositions.

1. Aristote s'occupait sans cesse.
2. Qui fut le prince des philosophes de l'antiquité.
3. Il étendait hors du lit une de ses mains, pour ne pas succomber à l'accablement du sommeil.

4. Dans laquelle il tenait une boule de cuivre.
5. Afin que le bruit le réveillât.
6. Qu'elle ferait en tombant dans un bassin de cristal.

1	Proposition principale.
Aristote était occupant	{ soi sans cesse
2	Proposition relative, se rapporte à *Aristote*, jointe à ce mot par le pronom relatif *qui*.
qui fut le prince	{ des philosophes } de l'antiquité
3	Proposition principale.
il était étendant	{ une de ses mains hors du lit pour ne pas succomber à { l'accablement } du sommeil.
4	Proposition relative, se rapporte à *mains*, jointe à ce mot par le pronom relatif *dans laquelle*.
il était tenant	{ une boule de cuivre dans laquelle
5	Proposition subordonnée circonstancielle, unie à la principale *il étendait* par la conjonction *afin que*.
le bruit fût réveillant	{ lui
6	Proposition relative, se rapporte à *bruit*, jointe à ce mot par le pronom relatif *que*.
elle serait faisant	{ que en tombant { dans un bassin } de cristal.

Deuxième modèle.

Dès que Cicéron eût entre les mains le sénatus-consulte qui condamnait à mort Catilina, il ne perdit pas un moment; et, comme il craignait, les esprits étant surexcités, qu'une attaque nocturne ne délivrât le prisonnier, il donna l'ordre sur-le-champ aux triumvirs de tout préparer pour que la justice reçût immédiatement son exécution.

Décomposition en propositions.

1. Cicéron ne perdit pas un moment.
2. Dès qu'il eut entre les mains le sénatus-consulte.
3. Qui condamnait à mort Catilina.
4. Il donna l'ordre sur-le-champ aux triumvirs de tout préparer.
5. Comme il craignait.
6. Qu'une attaque nocturne ne délivrât le prisonnier.
7. Les esprits étant surexcités.
8. Pour que la justice reçut immédiatement son exécution.

1	Proposition principale.
Cicéron *fut* *perdant*	{ ne... pas { un moment
2	Proposition subordonnée circonstancielle, unie à la principale par la conjonction *dès que*.
Il *fut* *ayant*	{ le sénatus-consulte { entre les mains.
3	Proposition relative, se rapporte à *sénatus-consulte* et jointe à ce mot par le pronom relatif *qui*.
Qui *était* *condamnant*	{ Catilina { à mort.

4	Proposition principale.
Il *fut* *donnant*	l'ordre } de tout préparer aux triumvirs } sur-le-champ.
5	Proposition subordonnée circonstancielle unie à la principale par la conjonction *comme* (la conjonction *et* joint les deux principales).
Il *était* *vraignant.*	
6	Proposition subordonnée complétive unie à la subordonnée circonstancielle par la conjonction *que.*
Une attaque *fût* *délivrant*	nocturne ne le prisonnier.
7	Proposition participe dépendant de la subordonnée *comme il craignait* et l'expliquant.
Les esprits *étant* *surexcités.*	
8	Proposition subordonnée complétive unie à la principale *il donna l'ordre* par la locution conjonctive *pour que.*
La justice *fût* *recevant.*	son exécution } immédiatement.

Troisième modèle.

JUPITER ET MINOS.

Mon fils, disait un jour Jupiter à Minos,
　　Toi qui juges la race humaine,
Explique-moi pourquoi l'enfer suffit à peine
Aux nombreux criminels que t'envoie Atropos.
Quel est de la vertu le fatal adversaire
Qui corrompt à ce point la faible humanité?
C'est, je crois, l'intérêt. — L'intérêt? non, mon père.
　　Et qu'est-ce donc? — L'oisiveté.

Décomposition en propositions.

1. Jupiter disait un jour à Minos.
2. Toi explique-moi, mon fils.
3. Qui juges la race humaine.
4. Pourquoi l'enfer suffit à peine aux nombreux criminels.
5. Que t'envoie Atropos.
6. Quel est de la vertu le fatal adversaire.
7. Qui corrompt à ce point la faible humanité?
8. C'est l'intérêt.
9. Je crois (sous entendu *au moins*).
10. L'intérêt? (ellipse pour *est-ce l'intérêt?*)
11. Non, mon père (ellipse pour *ce n'est pas l'intérêt*).
12. Qu'est-ce donc?
13. L'oisiveté (ellipse pour *c'est l'oisiveté*).

1	Proposition principale.
Jupiter était disant	{ à Minos { un jour
2	Proposition principale.
Toi sois expliquant	{ mon fils { à moi

3	Proposition relative se rapporte à *toi* et jointe à ce mot par le pronom relatif *qui*.
Qui *et* *jugeant*	} la race humaine.
4	Proposition subordonnée complétive jointe à la principale *explique-moi* par l'adverbe conjonctif *pourquoi*.
L'enfer *est* *suffisant*	} à peine } aux criminels } nombreux.
5	Proposition relative, se rapporte à *criminels*, et jointe à ce mot par le pronom relatif *que*.
Atropos *est* *envoyant*	} à toi.
6	Proposition principale.
Quel *est* *l'adversaire*	} fatal } de la vertu.
7	Proposition relative, se rapporte à *adversaire*, et jointe à ce mot par le pronom relatif *qui*.
Qui *est* *corrompant*	} à ce point } l'humanité } faible.
8	Proposition principale.
Ce *est* *l'intérêt*.	

9	Proposition coordonnée, unie à la précédente par la conjonction *au moins* sous-entendue.
Je suis croyant.	
10	Proposition principale.
Ce est l'intérêt.	
11	Proposition principale.
Ce est l'intérêt.	{ ne... pas { mon père.
12	Proposition coordonnée unie à la précédente par la conjonction *et*.
Ce est quoi	{ donc (1).
13	Proposition principale.
Ce est l'oisiveté.	

(1) Ce mot sert ici à rendre la demande plus pressante.

Quatrième modèle.

Lorsque j'étais en pleine mer et que j'avais pour tout spectacle le ciel et l'eau, je m'amusais quelquefois à dessiner les beaux nuages blancs et gris, qui ressemblaient à des groupes de montagnes et qui voguaient à la suite les uns des autres sur l'azur des cieux.

Décomposition en propositions.

1	Proposition principale.
Je étais amusant	} quelquefois } moi } à dessiner les beaux nuages blancs et gris.
2	Proposition subordonnée circonstancielle unie à la principale par la conjonction *lorsque*.
Je étais existant (1)	} en pleine mer.
3	Proposition subordonnée circonstancielle, unie à la principale par la conjonction *que*, représentant *lorsque* (la conjonction *est* joint les deux subordonnées).
Je étais ayant	} le ciel et l'eau } pour tout spectacle.
4	Proposition relative, se rapporte à *nuages*, jointe à ce mot par le pronom relatif *qui*.
Qui étaient ressemblant	} à des groupes } de montagnes.
5	Proposition relative, se rapporte à *nuages*, jointe à ce mot par le pronom relatif *qui* (la conjonction *et* unit les deux relatives.
Qui étaient voguant	} à la suite les uns des autres. } sur l'azur des cieux.

(1) Voir *Grammaire française*, note 2, page 24.

TABLE

—

ANALYSE GRAMMATICALE.

—

PREMIÈRE PARTIE.

Classification des mots.

SECONDE PARTIE.

Fonction des mots.

ANALYSE LOGIQUE.

PREMIÈRE PARTIE.

De la proposition.

SECONDE PARTIE.

Décomposition d'une phrase en propositions.

SAINT-CLOUD. — IMPR. DE Mᵐᵉ Vᵉ EUGÈNE BELIN.

www.ingramcontent.com/pod-product-compliance
Lightning Source LLC
Chambersburg PA
CBHW052051090426
42739CB00010B/2132